Contraste insuffisant
NF Z 43-120-14

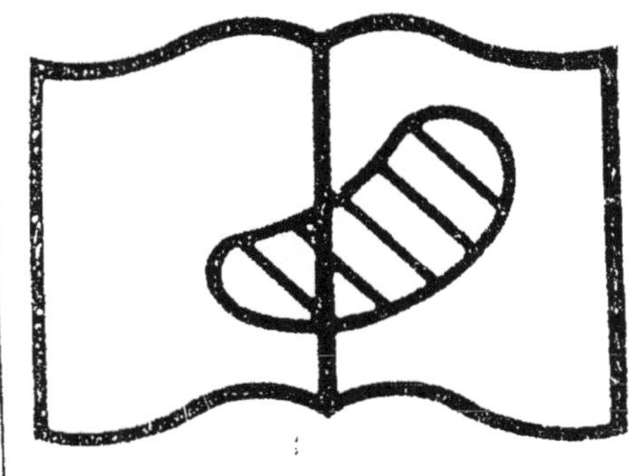

Illisibilité partielle

Valable pour tout ou partie
du document reproduit

BASQUE ET GAULOIS

PAR

LE Cte DE CHARENCEY

Extrait du *Muséon*.

LOUVAIN

IMPRIMERIE J.-B. ISTAS

90, RUE DE BRUXELLES, 90

1902

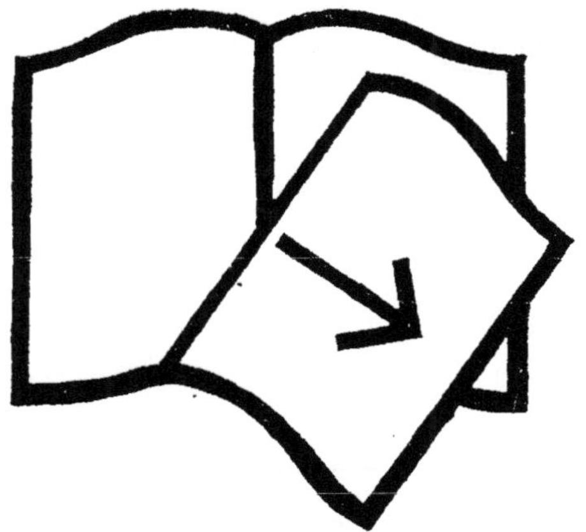

Couverture inférieure manquante

BASQUE ET GAULOIS

PAR

LE Cte DE CHARENCEY

Extrait du *Muséon*.

LOUVAIN
IMPRIMERIE J.-B. ISTAS
90, RUE DE BRUXELLES, 90

1902

BASQUE ET GAULOIS.

Les ancêtres de la nation Basque s'étant trouvés de bonne heure en relation avec les Gaulois, ont naturellement fait des emprunts à la langue de ces derniers. On en retrouve aujourd'hui encore la preuve dans le vocabulaire Euskara. Il contient un nombre assez respectable d'éléments d'origine certainement celtique, sans en compter quelques uns dont la provenance reste obscure. Plusieurs, du reste, constituent de ces termes usuels qui passent moins aisément d'un idiôme à l'autre et leur présence en Basque prouve combien a été profonde sur cette langue l'influence Celtique. Parmi eux, figurent notamment, comme on le verra tout à l'heure, non seulement divers noms de nombre et prépositions, ou mieux, postpositions, mais encore les mots servant à rendre l'idée du verbe être et celle du pronom relatif. Nous ne jugerions pas trop téméraire d'admettre qu'à l'origine, l'Euskara tout aussi bien que divers dialectes aujourd'hui encore en vigueur chez des populations plus ou moins sauvages, manquait de termes pour exprimer ces notions. On ne saurait guères douter d'ailleurs que jadis, avant qu'il n'ait pu s'imprégner d'éléments pris soit au Latin, soit aux dialectes Romans, le lexique Basque n'ait contenu une bien plus grande quantité d'éléments Celtiques et, à cet égard, peut-être aurait-il mérité d'être regardé comme un dialecte Celtibère plutôt que purement Ibérien. Enfin nous verrons que le système de numération en vigueur chez les Populations Celtes s'est inspiré en quelque sorte, de celui de l'Euskara. Quoiqu'il en soit, donnons la liste des termes de ce dernier idiôme dont la provenance Gauloise semblerait difficilement contestable.

A

A, « vers, à ». Voy. AT.

AARI, A ; « Mouton ». Voy. AHARI, A.

ADAR, RA ; « Corne, branche d'arbre » ; Gaëlique d'Écosse *Adharc*, « Corne », d'où *Adarcach*, « Cornu » et *Adarcog* ; « Cornette, petite corne ». — Erse ou Irlandais, (Dialecte de Galway), *Ayarc*, « Corne », peut-être bien de la racine gauloise (*P*)*ete* ; « Étendre, s'étendre » conf. Latin *Patere* — Grec, πετάννυμι, πέταω ; « déployer, étendre ».

La transition de l'idée de corne à celle de bois se conçoit facilement. Ne disons-nous pas les bois d'un cerf, pour « ses cornes, sa ramure » ?

En tout cas, le mot Basque n'offre qu'une ressemblance phonétique purement fortuite avec le terme signifiant « Jambe, pied » dans divers dialectes Berbers. Ex. Kabyle de Bougie, *At'ar* ; « Pied » — Néfousa, *T"ar*, même sens — Chelh'a (du Maroc), *Adhar* : « Jambe, pied » — Harakta, *dhar*, « Pied » — Zenaga *Ad'ar*, même sens — Boti'oua, *idhar*, idem — Ahaggar, id.— Gouélaia, *Izar*, id. — Sergou *Atar*. Nous ne pensons pas non plus qu'il ait rien à faire avec le Gallois *Ederyn*, « Oiseau ».

ADARZU, A ; « Garni de mauvais nœuds », en parlant du

bois, littéralement « muni de cornes, de branches », du précédent et de la finale *zu* « garni de, muni de, doué de » ; Ex. *Indarzu,* « fort, doué de force » de *Indar, ra* : « Force ».

AHAL ; « Pouvoir, puissance » ; est visiblement pris pour un primitif *Al* (voy. plus loin), de même que *Ahari* « Mouton » pour *Ari* ; et *Ahaide* « Parent » pour un archaïque *Aide*. En tout cas, *Ahal, Al* sont indubitablement apparentés au Gallois *Gallou, gallael,* « Pouvoir » et *Gall,* « force ». — Cornique, *Gallos,* « force, puissance » — Bas Breton, *Galloud* ; « Pouvoir, autorité, efficacité, privilège », *Gallout* (dial. Vanetais) « Pouvoir, avoir la faculté de » — Écossais, *galach* :« courage, ». Tout ceci nous ramène à une forme gauloise hypothétique *Galno,* « Possum », à rapprocher du Lithuanien, *Galĕti, Galieti* : « Pouvoir, avoir le moyen de » et Vieux Slavon, *golêmu* « grand » et, peut-être même du grec Ἀποφώλιος, « vain, sans effet, monstrueux ».

Le *g* initial sera tombé ici comme il l'a fait p. ex. dans *Abar, ra* ; « Branche propre à faire du feu », du Béarnais *Gabarre,* « sorte de gros ajonc » — *Oporra,* « Coupe, écuelle », forme dialectique pour *Gophorra.*

Faisons observer que le *g* initial de ce mot a aussi disparu ou s'est transformé en *h* dans plusieurs dialectes Néo-celtiques. Citons p. ex. le Bas Breton *Hallout, hellout, allout, ellout* : « Posse » conf. le Cornique *May hallo* ; « qu'il puisse » et *Hellyn,* « we may ». Mais il s'agit là d'un phénomène lequel visiblement n'offre pas un caractère primitif et n'a rien à faire avec celui qui s'est produit en Basque.

Le terme Euskarien ne présente d'ailleurs qu'une ressemblance purement fortuite avec le *Al* : « fortis,

strenuus » et, comme substantif, « Potestas, facultas »
de l'Hébreu, d'où *Eloh* « Dieu », litt. « le fort, le puissant » et le pluriel révérentiel *Elohim*.

AHALGE, A ; « Honte », litt. « Sinè vi, Sinè robore » du
précédent et de la postposition caritive *ge*.

AHALGE, TU ; « Devenir, devenu honteux » ; cf. le précédent et *Tu*, suffixe du participe passé.

AHALGEGABE, A ; « Impertinent », litt. « Sinè Verecundiâ » ;
cf. le préc. et *gabe*, signe du caritif.

AHALGEGARRI, A ; « Honteux par sa faute » ; cf. *Ahalge* et
garri, suffixe adjective.

AHALGEKOR, RA ; « Honteux, timide » ; cf. *Ahalge* et *kor*,
suffixe adject.

AHALKE ; « Honte », forme Souletine pour *Ahalge*, voy.
plus haut.

AHALKOR, RA ; « Honteux », forme Souletine abrégée pour
Ahalgekor, voy. ce mot.

AKHER, RA ; « Bouc », sans aucun doute à rapprocher de
l'Irlandais *Ag* et au pluriel *Aige*, d'où les composés
Agallaid ; « cervus » — Ecossais *Oigh*, « Cerf », *Oighe*,
« Biche » et *Agadh* « Bœuf » Gallois *Ewig*, « Cerva »,
d'un archaïque *agiko* — Cornique, *euhic*, pour *eugic*,
« cerva » et *loch euhic*, « Hinnulus » d'une forme gauloise *Agos*, « Bouc ».

Le Basque a ajouté au radical gaulois, une finale
intensive ou dérivative *er*, *er-ra* comme dans *Eder*, *ra*,
« Beau », pris lui-même au Béarnais *bèt*, « Beau », du
Latin *bellus*, du Roman *bel*, mais avec transformation
normale du *l* final en *t*. L'Euskara a ici comme il arrive
souvent adouci ce *t* en *d* et laissé tomber la labiale
initiale.

C'est encore visiblement le même mot que nous

rencontrons dans le grec Αἴξ, αἴγος, « Chèvre » — Lithuanien *ožys* ; « Bouc » — Letton *ahsis*, même sens et *ozká*, « Chèvre » — Persan moderne, *Azarick* — idem — Zend *Aze* (d'après Anquetil) - Arménien, *Aidz*, *aic* — Sanskrit *Agâ*, *aja*, « Bouc » et *Ajâ*, *ágâ*, Chèvre « litt. « l'animal agile, remuant », de la racine *Ag*, movere, ire » cf. Latin *Ago* ; grec Ἄγω.

Ce nom de la chèvre n'aurait-il point passé dans certains idiômes étrangers à la famille Indo-Européenne ? Tel pourrait bien être, par exemple, le cas pour le Kotte (dialecte de la Sibérie Orientale) *Ég*, « chèvre », au pluriel *Ag*.

Pictet, de son côté, s'étayant sur l'autorité de Gésenius, compare au Sanskrit *Aga*, l'Hébreu *'Ez* ; « chèvre » — Syriaque *'Ezo* — Arabe *'Anz* et même le Ἄζα Phénicien auquel Étienne de Byzance attribue le sens de « chèvre » cf. encore le vieux Sémite *'Inzu* — Sumérien, *úz*, « capra ».

Ajoutons, toutefois, que ces derniers rapprochements pourraient donner lieu à certaines objections. La première serait que ces termes sémitiques semblent bien provenir d'une racine indigène et dont le sens serait notablement différent, à savoir *'Azâz*, « Valuit, robustus fuit ».

Tout bien considéré, on ne saurait, croyons-nous, songer à un rapprochement du terme Basque avec le gallois *Caer*, « Bouc », d'où *Caer-iwrch*, « Chevreuil », d'un gaulois *Ca(p)eros*, « Bouc ».

C'est bien évidemment ce dernier que nous retrouvons dans le Latin *Caper*, « Chevreau » et *Capra* ; « Chèvre », *Capreolus*, « Chevreuil » — Etrusque ou Tyrrhénien χάπρα ; « Chèvre » d'après Hérychius.

M. Schrader en rapproche également le grec κάπρος, « sanglier », malgré un changement de sens assez marqué. Rattachez à la même souche le Live *Kabr*, même sens, d'où vraisemblablement, le Suomi ou Finlandais *Kauris*, « Bouc », aussi bien que le Vieux Norrain *Hafr*, « Bouc », lequel a, sans aucun doute, donné naissance au Lapon *Habrès* — l'Anglo-Saxon, *Haefer*, « Bouc ».

Dans tous ces termes, Pictet reconnaît, et son opinion, à cet égard, nous paraîtrait, pour le moins, assez plausible, la racine Sanskrite *Cap, camp*, « Ire, movere » ; primitivement *kap, kamp* et dont la gutturale primitive s'est conservée dans quelques dérivés du Sanskrit, tels p. ex. que *kampa, kampana*, « Tremblement, agitation ».

Elle reparaîtrait, au dire du docte Génévois dans certains noms Indo-Européens du cheval et du singe ; cf. p. ex. le grec καβαλλης, sorte de cheval — Latin, *Caballus* — Polonais *kobyla* « Cavale, jument : » etc. et, peut-être même, jusque dans le Kawi, *Kapala* etc. Le Sanskrit *Kapi* « Singe », d'où les Grecs post-Alexandrins ont tiré leur κῆπος, (même sens), n'a pas une autre origine. Ainsi singes, chevaux, chevreaux et boucs auraient été désignés par nos premiers ancêtres comme animaux particulièrement mobiles et remuants.

Que dire maintenant d'un mot à peu près synonyme du précédent et que nous présente le lexique sémitique ? Citons, p. ex. l'Hébreu *'Apher, 'opher, 'âphrah* ; « chevreau, faon » — Arabe *Ghafr, Ghifr, Ghufr* (même sens).

A la vérité, comme le remarque Pictet, si pas de mal de noms d'animaux dans les dialectes des Sémites rappellent au point de vue phonétique, leurs synonymes Indo-Européens, ils se ramènent d'ordinaire à des racines absolument irréductibles les unes aux autres. Ainsi, les érudits dérivent d'ordinaire 'Apher, ghafr soit de la racine sémitique 'Aphar (Hébraïque) ; Afirah (Arabe), « Subalbus, subrubicundus fuit » soit de ghafara, « Villosus fuit ».

Peut-être sera-t-on tenté de se tirer d'affaire et d'expliquer cette sorte d'anomalie en admettant que ces vocables appartenaient à un idiôme tout à fait primitif et aujourd'hui perdu et qu'ils sont beaucoup plus anciens que les racines dont on prétend les faire dériver. Du reste, nous allons rencontrer tout à l'heure d'autres formes sémitiques, nous rappelant encore davantage le Basque akher, ra. Par exemple, là où nous aurions peine à partager la façon de voir du savant Génévois, c'est dans sa tentative de rapprochement entre le grec κάπρος « sanglier » et le latin Aper — Allemand Eber — Moyen-haut-Allemand Eber — Vieux-haut-Allemand Ebur — Anglo-Saxon, Eofor, d'où le nom de ville Eoforwic ; « ville du sanglier », aujourd'hui « York — gothique Ibrus, Iburus. En effet, le k ou c dur initial, ne tombe guère et sa disparition dans le cas présent serait malaisée à expliquer. De plus, le b médial de l'Allemand semblerait supposer un bh primordial, lequel n'aurait guère pu donner un p en latin. Admettons donc comme l'hypothèse la plus vraisemblable que le grec aurait appliqué purement et simplement au sanglier, le nom primitivement réservé au chevreau ou au bouc.

Quant au germanique Eber, ibrus, mieux vaudra le tenir pour apparenté au Vieux Slavon et Russe Věpru, « sanglier » — Polonais wieprz — Illyrien vepar, d'après Miklosich, de la racine vap, « semen spargere, procreare ».

Signalons la ressemblance de ces mots avec l'Arabe, *'Ifr*, « sanglier, verrat, » que l'on explique par la racine *'Afara*, « il s'est jeté, roulé dans la poussière » ou bien « subalbus fuit », peut-être de *'Afar*, « Pulvis ».

Ce qui au premier coup d'œil peut paraître étrange, c'est que le Bas-Breton *gavr, gaour* ; « chèvre » — Cornique, *gauar* — gallois *gafr, gabr* ; « chevreau, chèvre » — Irlandais, *gabar*, du vieux gaulois *gabro-s* « chèvre » n'a rien à faire étymologiquement avec le Latin *Capra*. Ce terme qui se rencontre dans certains noms de localités tels que *Gabromagus*, litt. « Hirci campus » aujourd'hui *Crems* ou *Krems*, petite ville de la Basse-Autriche à environ 15 lieues O. de Vienne — *Gabrosenti* (en Britonnique) et Γαβρῆτα ὕλη etc. suppose d'apres M. Ch. Whitley-Stokes une forme primitive *gam-ro*, dont le radical est *gam*. Du reste, le terme celtique n'offre qu'une ressemblance fortuite avec le grec Χίμαρος, « Bouc, chèvre né en hiver » ; χίμαιρα ; « Chimère, chèvre née en hiver, » de χεῖμα, « Hiems, tempestas », ainsi qu'avec le Vieux-Norrain *gymr*, « Agneau ».

Nous avions cru d'abord à une parenté de *Akher, ra* avec un terme désignant un animal domestique du même genre dans les dialectes Berbers : Ex :

1° De la racine KRR, le Taïtoq et Ahaggar tirent *Ekrar*, « Bélier, mouton », au pluriel *Ekraren* — Sergou, *Akrar* ; « mouton » — Azguer, *Akerer*, idem, d'où *Akerer ajalbi* ; « mouton à laine » et *Akerer emmohar* ; « mouton Imoukhar » ou à poil. — Zouaoua, *Ikerri*, « mouton », au pluriel *Akraren* — Harakta et Aït-kalfoun, *Ikerri*, idem. — Ouarglais, *Ikerrouan*, « Oves ».

2° De la racine SCHRR. — Béni-Ménacer et Rifféen, *Schérri* « mouton » — Haraoua, *Ischerri* idem. Le *sch* figure ici le son chuintant du *ch* Allemand dans *Ich*, « Je ».

3° De la racine Grr. — Zénaga, *Gérer*, mouton.

4° De la racine contractée Kr ou Khr — Aouélimidden, *Akar*, « Ovis » — Chaouïa, *Iker*, idem — Halima *Tichéri*, « Bélier ».

5° De la racine K, Kk, Kélouï, *Akka*, « mouton », au pluriel, *Ikiouan*, etc.

Toutefois, comme nous l'a fait observer le docte berbérisant M. R. Basset, il faut tenir compte de la différence de sens nettement marquée puisqu'*Akher* ne signifie en Basque que bouc, tandis le *Akrar* du Sergou, *gerer* du Zénaga possédant pour seule valeur celle de « mouton, bélier ». D'ailleurs, la forme Kabyle la plus ancienne contient visiblement un *k* suivi de deux R. En Euskara, au contraire, le double R n'apparait que devant l'article final, en vertu d'une loi phonétique bien connue. Quant à l'indéfini, il ne possède qu'une seule gutturale liquide. Enfin, nous venons de le voir, le Basque s'explique bien plus facilement par un rapprochement avec l'Irlandais *Ag* que de toute autre façon.

Tout ceci nous amène à tenir l'affinité sur ce point entre le dialecte des Pyrénées et ceux de l'Atlas pour purement fortuite. Il nous paraitrait également assez téméraire de supposer que le Zouaoua *Ighid* « chevreau » — Nouba *Éged*, « mouton » puisse rien avoir à démêler avec le Basque *Akher*, le vieux gaulois *Agos*, « Bouc ».

Que dire maintenant du Phénicien *Khar*, « Bélier », visiblement apparenté à l'Assyrien, *Kirou*, « Bouc, bélier, étalon mâle du menu bétail » ? Y faut-il reconnaître une forme adoucie de la racine Berbère Krr, comme dans l'Aouélimidden *Akar* ? Laissons aux sémitisants le soin de se prononcer.

En tout cas, malgré une ressemblance à peu près absolue de sens et de son, nous hésiterons beaucoup à soupçonner une parenté possible entre le terme Assyrien dont il vient d'être question et le Béarnais *Quirou*, « Bouc ». Ce dernier usité seulement, paraît-il, dans quelques localités, ne constituerait-il pas simplement un dérivé du gaulois *Kaeros, Kaperos* ? Il n'y aurait rien d'étonnant à retrouver dans plusieurs dialectes de notre pays, quelques termes d'origine Celtique non en usage dans le Français classique.

Akhetch, a ; « verrat » est visiblement formé du précédent avec remplacement de la finale *r, ra* par *tch, tcha* qui semble avoir le plus souvent une valeur dérivative ou diminutive, Cf. *Ulitcha*, « Moucheron », de *Uli*, « mouche » — *Belatcha*, « Corneille », de *Bele*, « corbeau » — *Phagatcha*, « faîne, fruit du hêtre », de *Phago*, « Hêtre ». *Aketcha* serait donc littéralement le petit bouc (Cf. le précédent), peut-être simplement parce qu'il est plus bas sur jambes, ou l'animal « semblable au bouc », celui qui dans l'espèce porcine joue le même rôle que le bouc dans l'espèce caprine.

Al, « Pouvoir », forme dialectale pour *Ahal*, voy. plus haut.

Ale, a ; « grain » parait offrir une ressemblance toute spéciale avec l'Irlandais *Ail*, « esca », d'une forme gauloise restituée *Ali*, (même sens). M. Whitey-Stokes cite encore en vieux gaulois, le verbe restitué *Alô*, identique pour le sens au Latin *Alo*, « Je nourris » et qui se retrouve dans l'Irlandais *Alim*, « Nutrio. »

Cf. encore Irlandais *Altram* « nutritio » — Gothique, *Alja*, « s'élever, apparaître » ; *Ala*, « croître, se développer, » — Vieux norrain, *Ala*, « nourrir, entretenir. » — Grec Ἄναλτος, « Insatiable ».

A coup sûr, bien qu'on ait pu supposer une chûte de la labiale initiale, *Ale* n'a certainement rien de commun, comme nous l'avions supposé d'abord, avec l'Espagnol et Portugais *Bala*, « Balle » — Italien *Palla, balla* dont l'origine doit être cherchée soit dans le Celtique, soit dans le Germanique ; conf. d'une part, Écossais *Balle.* (même sens) et, de l'autre, Allemand, *Ball*, « Balle ». — Vieux-haut-Allemand, *Palla*. — Vieux norrain, *Bœltr, bœlr* — Suédois *bäll*. Il suffit de signaler une ressemblance purement fortuite avec le Zouaoua (dial. kabyle). *Alim*, paille.

Alhor, ra ; « Champ, pièce de terre en labour », visiblement formé du précédent et de la finale dérivative *or, ra* Cf. *Chikor, ra* ; « Petit son », de *Chiki*, « Parvus » — *gophor, ra,* « gobelet », du Bas latin *Cupa*. Le mot Basque signifiera donc litt. « Endroit où il y a du grain, qui produit du grain. »

Anderauren, a ; « femme de chambre » nous semble bien d'origine gauloise, au moins par son élément radical, *Andere* « demoiselle, maîtresse de maison » dont il va être question tout-à-l'heure.

Quant à la finale *uren, urren* ou *auren*, reconnaissons-y une altération de *Aurren* « Devant, en face » et, par extension, « Premier. » On la retrouve p. ex. dans certains mots tels que *Atzlodiurren, Beatzlodiurren* ; « Index », litt. « qui est devant le pouce, » opposé au pouce de *Atzlodi* ou *Beatzlodi*, « Pouce ». *Anderaurrena* se rendra donc littéralement par quelque chose comme

« contre-maîtresse, » « celle qui se tient en présence de
la maîtresse de maison. »

Altra ; « nourricier », litt. « qui est ad escam, ad granum » ; cf. le précédent et *tra* final, « ad, pro ».

Andere, a ; « Demoiselle », parait avoir eu pour sens
primitif, celui de « dame » ; conf. *Andre* et la locution *Etchekandere* ou mieux *Etcheko-andere*, « Maîtresse de maison », de *Etche*, « domus » et *ko*, signe
du prolatif. Nous avions cru devoir retrouver dans ce
mot, l'Espagnol *Randera*, « Dentellière ». Néanmoins,
la chûte du R initial semblerait un phénomène assez
anormal ; et puis cette épithète de dentellière prise pour
désigner une demoiselle, une dame *in genere* ne sem-
blerait-elle pas, suivant l'expression vulgaire, un peu
tirée par les cheveux ? Est-ce que toute personne appartenant au beau sexe, fait nécessairement de la dentelle ?
Ce n'est l'occupation que d'un petit nombre.

Le Prince Louis-Lucien Bonaparte voulait faire venir
ce mot du grec Ανήρ, ανδρος ; « Homme ». Il faisait
valoir à l'appui de son hypothèse, que les termes sont
sujets à changer de genre en passant d'une langue à
l'autre, à preuve p. ex. : le Latin *Jumentum* qui a donné
notre mot « *Jument* ». — *Hase*, « Lièvre » en Allemand,
d'où notre féminin *Hase*.

On aurait pu être tenté d'expliquer ici le changement
par des raisons, en quelque sorte, juridiques. Chez les
habitants des Pyrénées, en effet, le droit d'ainesse semble, de tout temps, s'être exercé de la façon la plus
rigoureuse, mais sans distinction de sexe. Déjà Strabon
fait allusion à cette pratique. En tout cas, le droit pour
l'ainée des filles à la totalité de l'héritage de ses parents
subsista dans le pays Basque Français jusqu'au temps

de Louis XIV. C'est ce monarque qui décida que dorénavant, l'aîné des garçons serait seul héritier. Une chanson du temps, sorte de complainte, déplore le sort fait aux ci-devant héritières.

En tout cas, un vestige de l'état de choses primitives s'est maintenu dans le vocabulaire Basque, où *Primu*, litt. « Premier », signifie « Héritier » et *Prima*, « Héritière ».

Ajoutons, pour être complet, que d'après la coutume immémoriale de ces régions, jamais un héritier et une héritière ne se devaient marier ensemble.

D'ailleurs, le régime successoral, n'était point absolument spécial au pays Basque. On le rencontrait également en vigueur, d'une façon plus ou moins complète dans diverses portions du midi de la France, et peut-être même dans la république d'Andorre. L'on peut affirmer qu'il constituait biens moins une affaire de race que le résultat de conditions économiques d'un caractère spécial. (1)

On observera, qu'aujourd'hui encore, la plupart des familles du pays Basque s'arrangent de façon à éluder le plus possible, les dispositions égalitaires du code civile. Chacun dans la famille s'y prête, les cadets tous les premiers.

Nous voyons que la femme, la jeune fille se trouvaient parfois en ce pays, appelées à jouer un rôle dévolu presque partout ailleurs au mâle et l'on peut se demander *à priori*, si cette circonstance n'aurait pas contribué à faire, pour ainsi dire, changer le sexe du terme de *Andere*.

(1) C. CORDIER. *De l'organisation de la famille chez les Basques ;* chap. 1er ; p. 1?, — ?. II, p. 40 et chap. IV, p. 104 (Paris, 1869).

Néanmoins, une comparaison avec le Celtique suffira à nous démontrer combien de tels raisonnements pêchent par la base. On ne saurait guère douter de l'origine gauloise du mot Basque. Cf. en effet, Irlandais, *Ainder*, *aindear* ; « Jeune fille nubile, jeune femme. » — Gallois *anner*, « génisse » — Vieux Gallois, *Enderic*, « Jeune veau » — Bas Breton, (dial. de Léon), *Ounner* « génisse » ; (dial. Vannetais), *Anner*, *anuer*, *annoer* ; (dial. de Cornouailles), *Iner*, idem. M. Withley-Stokes se montre disposé à rapprocher de ces mots, le grec Ἀνθηρός, « florissant », de Ἄνθος, « fleur » et ἀθαρίς, idest ἄφθορος ἐπὶ γυναικός, d'après Hésychius.

Que du sens de génisse, les Celtes aient passé à celui de jeune fille ou de jeune femme, cela n'offre rien d'étrange. Rappelons-nous la double acception du Latin *Juvencus*, « Taurillon, jeune taureau, jeune homme » et *Juvenca*, « génisse ou jeune fille. » Cette confusion de terme, s'explique jusqu'à un certain point chez des populations pastorales. N'est-ce pas par une métaphore assez analogue que dans certains dialectes Turks, on désigne la vache d'un nom signifiant littéralement « Petite mère » ?

Le *e* final de *Andere* pourrait bien être purement euphonique. Ne l'est-il pas, p. ex. dans *Arbole*, « Arbre », de l'Espagnol *Arbol*.

C'est encore visiblement le même terme employé comme nom de femme sous la double forme *Andere* et *Anderesne*, dans les inscriptions Ibéro-latines d'Aquitaine que cite M. Luchaire, d'après Roschach. Le fait qu'il apparait dans des monuments sans aucun doute postérieurs à notre ère ne prouve rien contre son ori-

gine Gauloise. Le contact premier entre Celtes et Ibères
remonte pour le moins au VIe siècle avant notre ère, si
tant est qu'il ne faille pas le tenir pour notablement
plus ancien encore.

ANDEREDER, RA ; « Belette », d'après M. Van Eys, litt.
« Jolie demoiselle », de *Andere* déjà vu et de *Eder, ra*,
« Beau ». C'est à peu près l'équivalent de notre mot
« Belette », c'est-à-dire « Petite belle », aussi bien que
du Bas Breton *Kaerell*, ou (dial. Vannetais), *Kareell*,
« Belette », litt. « Petite jolie » de *Kaer*, « Beau, joli ».
Ce même idiôme emploie encore pour désigner l'animal en question, l'adjectif *Buhan* ou *Buan*, lit. « vif,
agile » et, poëtiquement, la locution *Mac'harit koânt*,
litt. « Marguerite gentille. » Ajoutons que le Portugais
connait ce carnassier sous le nom de *Doninha*, « Petite
Dame » et l'Espagnol, pour celui de *Comadréja*, « Petite
commère ». C'est visiblement l'élégance de son port,
l'agilité de ses mouvements qui lui ont valu toutes ces
dénominations. Ajoutons, par parenthèse, qu'en Bas-
Breton encore, la fouine est appelée *Kaerell-Vraz*, litt.
« Grande belette », de *Braz*, « magnus ». Nous avons
ici une association de mots dans le goût du *magnus
lepusculus* latin.

ANDERI, A. « dame, demoiselle », forme Bisayenne pour
Andere, (cf. plus haut.)

ANDI, A : « Grand », n'a sans doute pas plus affaire avec
notre mot « grand », ou le latin *grandis* que *Apho*,
« crapaud » avec son synonyme français. La provenance
gauloise de ce mot ne semble pas douteuse. Nous trou-
vons dans l'ancienne langue des Gaules, la préfixe *Ande,
ando* dont le sens spécial a dû être celui de « contre, à
l'opposite ».

Parfois, comme le remarque M. Holder, elle prenait une valeur intensive et correspondait assez exactement, par suite, à notre adjectif « Grand ». Aussi, M. d'Arbois de Jubainville n'hésite-t-il pas à rendre le nom propre *Andebrogius* par « Habitant d'un grand pays. » Cf. Gau-lois *brŏg, brŏgi* ; « district, pays, région ». — Irlandais *Bruig* — Gallois et Bas-Breton, *Bro* — Cornique *brou* — Latin, *margo*, « Bord, limite, extrémité ». — Vieux Norrain *Mœrk* — Moyen-Haut Allemand, *Marc* — Vieux Haut Allemand, *Marcha* ; « Limite, frontière » — Vieux saxon, *Marca* — Vieux français « marche, frontière, « Territoire » — Zend *Merezu* — Persan moderne *Merz*, d'où *Mirza* qui correspond à notre terme de « Marquis ». Remarquons que le Français a juste ici le même sens littéral que le mot Persan. Marquis ne veut dire, en définitive, autre chose que « Gardien de la frontière. »

Ajoutons, par parenthèse, qu'il a dû exister un Vieux Gaulois *Mrog*, comme l'établit le datif pluriel Irlandais *Mrogaib*, naturellement plus rapprochée des autres formes Indo-Européennes. Toutefois, celle en *b* initial n'en est évidemment pas moins ancienne non plus et peut-être se trouvait-elle employée concurremment avec la précédente. *Brogae galli, agrum vocant*, nous dit, en effet, le scholiaste de Juvénal.

Nous retrouverons encore la même dissylabe em-ployée en sens de grand, p. ex. dans le nom de divinité *Andarta*, litt. « grande Ourse ». Elle était adorée à Dié (département de la Drôme) ; voy. dailleurs *Artza*.

Serait-ce le vieux mot gaulois qui reparaît en Anglo-Saxon, *Ante, anti, enta* au sens de « géant », d'où p. ex. *Enta geveorc*, « gigantum opus » ? De là, le nom d'*Antes* ou Ἄνται, donné, d'après Jornandès, par les Germains aux plus belliqueux d'entre les Slaves. La chose peut sembler tout au moins douteuse.

En tout cas, nous serions bien tentés de rendre les noms de divinités des inscriptions Aquitaniques *Andosus*, *Andosso* par « Très Grand », de *Andi* ou mieux, sous sa forme primordiale, *Ando* et de la finale *zu, so* marquant « abondance, supériorité. » Ex. *Odolzu*, « sanguin », de *Odol*, « sang » — *Aitaso*, « Grand père », de *Aita*, « Pater ». Dans cette hypothèse, le nom d'*Andossus* correspondrait on ne peut mieux au Français « Maxime ».

Andi, tu ; « Grandir, i » ; Cf. le précédent.

Andiro, « grandement », de *Andi* déjà vu, et de *ro* final qui marque le plus souvent l'adverbe et parfois l'adjectif ; Ex : *Nazkagarri*, « Horrible » et *Nazkagarriro*, « Horriblement » — *Chikiro*, « Mouton », litt. « Le coupé, le diminué », de *Chiki*, « Petit ».

Anditasun, a : « Grandeur », de *Andi* et *Tasun*, abréviation pour *Tarzun*, suffixe servant à former des noms abstraits : cf. *Astitasun* ; « Lenteur », de *Asti*, « Loisir » de même que *Behartarzun* « pauvreté, indigence » de *Behar* « Pauvre, nécessiteux. »

Andiuste, a : « Orgueil », en dialecte Guipuskoan, litt. « Magna opinio », de *Andi*, déjà vu et *uste*, « croyance, opinion. »

Andizkiro, « grandement » en dial. Guipuscoan, doublet de *Andiro* (Voy. plus haut).

Angereder, ra ; « Belette », en dial. Labourdin, d'après M. Van Eys. C'est une altération de *Andereder*, ra, voy. plus haut.

Anhitz, « Beaucoup », forme dialectale pour *Anitz* (voy. le suivant).

Aɴɪᴛᴢ ; « Beaucoup », litt. « Per magnum ». C'est une
corruption pour *Anditz* ou mieux *Andiz*. La finale *z* qui
marque ici le médiatif s'est, comme il arrive souvent,
transformé en *tz* ; Ex : *Laphitz*, « Pierre », du Latin
Lapis — *Gorphitz*, Corps, de *Corpus*.

Aɴʀᴇ, ᴀ ; « demoiselle », forme dialectale contractée pour
Andere (voy. plus haut).

Aɴᴛᴜsᴛᴇ ; « Orgueil », forme dialectale pour *Andiuste*
(voy. plus haut).

Aɴʏᴇʀᴇᴅᴇʀ, ʀᴀ ; « Belette », forme dialectale pour *Andereder, ra* ; (voy. ce mot).

Aɴʏᴇʀᴇʏᴇʀ, ʀᴀ ; « Belette », forme dialectale pour *Andereder, ra* ; (voy. plus haut).

Aʀɢɪ, ᴀ ; « Lumière, jour » et, par extension, « Chandelle,
éclairage », d'un viel adjectif gaulois *argios*, « Blan-
châtre, lumière », signalé par M. Holder, tiré lui-même
d'une racine *Arg*, « briller ». De là, les noms propres
Argiotalos, litt. « Au front brillant, au visage serein »
et, par suite d'une interversion dans l'ordre des com-
posants, le Picte *Talorg* (pour un archaïque *Talarg*) et
l'Irlandais *Talarg* qui ont le même sens.

Du reste, il devait exister également en vieux gaulois,
un autre thème *Argo*, dérivé de la même racine et que
nous retrouvons p. ex. dans *Argilla*, « Argille », litt.
« Terre blanche » ou « brillante », aussi bien que dans
le grec Ἄργος, « Blanc, brillant » ; d'où sans doute le
nom de la ville d'Argos — Ἀργήεις, même sens — Ἄργιλλος;
« Argile », litt. « La blanche ». A cette forme *Argo*
rattachons le radical dérivé *Argento* qui primitivement
signifiait non pas « Argent », mais bien « Blanc,
brillant » ; de là, les noms de villes *Argentonium*,
« Argentan », (Orne) — *Argentolium*, « Argenteuil »,

dépt. de Seine-et-Oise — *Argentovaria*, aujourd'hui
« Arzenheim » — *Argentoratum* ; « Strassbourg », litt.
« Palais blanc » ou « brillant » ; voy. Irlandais, *Ráth*,
raith, « Forteresse royale, château-fort ». Pour *Argen-
tomagus*, aujourd'hui Argenton-sur-Creuse, dans le
département d'Indre et Loire, peut-être faut-il le traduire plutôt par « Champ d'Argentus », nom d'homme
signifiant « brillant » que par *Campus splendens*.

Du reste, ce dérivé *argent* n'est pas spécial aux
langues celtiques et on a lieu de croire qu'il faisait
partie du vocabulaire primitif de la famille Indo-
Européenne. Citons p. ex. le grec Ἀργᾶς, ἀργαντος ; « Brillant, de couleur blanche » et le Latin *Argentum* qui,
lui, se prend dans le sens d'Argent, litt. « Métal brillant »,
aussi bien que l'Osque *Aragetud*, sans doute pour
Aragentud.

On peut se demander si les noms de l'argent dérivés
dans les langues Néo-Celtiques de la même racine sont
indigènes ou pris au Latin. Nous inclinerions d'autant
plus pour la seconde hypothèse qu'en définitive, les
mines d'argent semblent avoir de tout temps été rares
dans les pays occupés par les tribus de race Celtique.

Au contraire, l'or était jadis commun dans les Gaules
et cela n'empêche pas que le nom de ce métal tant en
Breton *Aour* qu'en Gallois, *awor* ou en Irlandais *or* ne
fût pris au Latin. C'est ce que paraît démontrer la
présence du *r* dans ces termes, tout comme dans *Aurum*
lequel provient, comme l'on sait, d'un primitif *Ausum*.

Quoiqu'il en soit, nous avons pour « Argent »,
Argat, *arget* en Vieil-Irlandais ; *Ariant*, en Gallois ;
Arc'hânt en Bas Breton, et *Arhant*, en Cornique.

Le Schypétar ou Albanais ἔργιεντι, « Argent » semble
bien, lui-aussi, pris au Latin.

Dans quel rapport le terme *Argentum* se trouve-t-il au Sanskrit *Rajatam*, « Argent » — Zend *Erezatu* — Arménien *Artsath*. Les uns ont voulu qu'il y ait eu transmission du nom aussi bien que de la connaissance de ce métal, de l'Iran ou de l'Arménie en Occident. Un savant Allemand nous rappelle à ce propos que précisément les environs du Caucase ont été de tout temps riches en mines d'argent. Ce qui est certain, c'est qu'au temps de Marco-Polo, on en exploitait d'abondantes aux environs de Trapézunte. Au commencement de ce siècle encore, malgré l'imperfection des procédés d'extraction, on tirait chaque jour pour cinquante mille piastres du minéral en question, de la montagne dite *Gumish-dagh*, près la cité de *Gumish-khana* ou « ville de l'argent », au nord-ouest de Beiburt.

Ce qui en effet militerait en faveur de l'hypothèse d'un emprunt relativement récent, c'est qu'aucune trace de ce métal n'a été signalée dans les cités lacustres de de la vallée du Pau que l'on regarde d'ordinaire comme ayant servi de demeures aux premiers Italiotes (1).

D'autres, au contraire, fesant valoir que la racine *rag* signifie simplement « régir, être roi, gouverner » traduisent le Sanskrit *Rajatam*, « Argent » par « Le métal royal » et proclament purement fortuite la ressemblance de ce mot avec le latin *Argentum*, l'Osque *Aragetud*.

Cela ne nous paraît guère soutenable. Une telle coïncidence, à la fois morphologique et sémantique si elle n'était due qu'au pur hasard, constituerait un fait bien étrange. Et puis que signifierait cette épithète

(1) M. Schræder, *Sprachvergleichniss und urgeschichte*, kap. V. p 261 (Iéna, 1890).

de « Royal, princier » appliquée à la substance en question ? N'est-ce pas plutôt à l'or, considéré comme le roi des métaux qu'on devrait s'attendre à la voir réservée ? Au contraire, ce qui frappe le plus dans l'argent, n'est-ce pas précisément, sa teinte claire ? Aussi, en Egyptien *hat*, en copte *Khat*, « Argent » a-t-il précisément le sens primordial de *Hell*, *weissgrau*, et cependant ces idiômes n'ont certainement pas sur le point en question, subi d'influence Indo-Européenne. Aussi, préférons-nous de beaucoup nous ranger à l'opinion émise par Pictet et voir dans *Rajata*, un thème augmenté du participe présent *Rajant*, « Brillant, blanchissant » et qui s'emploie comme épithète pour l'ivoire, l'or et même le sang, à cause de la couleur éclatante de ces substances.

ARGI, TU ; « Briller, é » ; cf. le précédent.

ARTZA ; « Ours » ; en Guipuscoan et en Labourdin, présente certaines difficultés d'interprétation. M. Van Eys se demande s'il ne conviendrait pas d'y voir le Latin *Ursa*. Nous croyons difficile de ne pas le tenir pour Celtique d'origine ; cf. Irlandais, *Art*, (même sens) — Gallois *Arth*, « Ours » et *Arthal*, « Murmurer, gronder à la façon des ours. » — Bas Breton, *Harzal*, « murmurer, japper, glapir », d'un Archaïque *Harza*. Ces formes néo-celtiques nous ramènent d'ailleurs à un ancien Gaulois *Artos*. Le Bas-Breton *Ourz*, le Cornique *Ors* constituent, de leur côté, des emprunts évidents au Latin *Ursus*. Par un phénomène phonétique qui se produit assez rarement, mais n'est pas, cependant, absolument sans exemple, le *t* primitif sera devenu *tz* en Basque. N'est-ce pas ce qui a lieu pour le Gaulois *Ratis*, « fougère », devenu *Iratze* (même sens) en Euskara ?

Malgré quelques anomalies au point de vue phonétique, M. Withley-Stokes n'hésite pas à rapprocher le
terme Basque du Latin *Ursus*, — Grec Ἄρχτος — Sanskrit *Ṛksha* — Ossète *Ars* — Arménien *Arji* — Schypétar ou Albanais *Ari*.

On n'est pas d'ailleurs trop d'accord sur la racine à
assigner à ce mot. Boehtlingk et Roth le dérivent de
Riç, « Ferire, laedere ». Kuhn, nous dit Pictet, partant
du sens d' « Astre, constellation » qui appartient également à *Ṛksha* fait dériver ce nom de *Rsh, arsh* « Luce-
re ». C'est là, du reste, un point sur lequel nous ne
croyons pas avoir d'avis à donner.

Ajoutons que le nom de l'ours, en raison de la force
et du caractère belliqueux de cet animal, a volontiers
été employé métaphoriquement pour désigner soit des
hommes, soit même des déités. Sans rappeler ici l'exemple de la déesse gauloise *Andarta*, litt. « Grande Ourse »,
de *Andi*, « Magna » et *Arta*, « Ursa », nous pouvons
citer l'exemple du dieu *Artaios*, litt. « Ursinus » assi-
milé à Mercure et vraisemblablement aussi *Artogcnos*,
litt. « Ursi filius ». N'oublions pas non plus la déesse
Artio (1). Enfin, en très Vieil Irlandais, *Art*, « Ours »
était si bien devenu synonyme de « divinité » qu'on ne
craignait pas de désigner ainsi N. S. Jésus-Christ lui-
même.

Passons maintenant aux noms propres d'hommes et
de femmes où ce substantif figure soit comme élément
unique, soit comme composant. Les inscriptions de la
Gaule nous donnent ceux de *Artos, Artios, Artius*. L'on
trouvera en Gallois *Arthbiu*, litt. « Vif comme l'ours » ;
Arthmaël, « Roi, prince des ours ».

(1) M. d'Arbois de Jubainville, *des gentilices en ius* dans la *Revue
Celtique* ; T. X ; pp. 164 et 174.

C'est par un procédé analogue que le Latin a fait de *Ursula*, diminutif de *Ursa*, un nom de femme ; que les anciens Germains ont employé le substantif *Biorn*, « Ours » comme épithète de Thor, le dieu de la foudre.

Il ne sera pas inutile de faire observer qu'en ancien Gaulois, un autre terme désignant le même plantigrade, à savoir *Matus*, d'où l'Irlandais *Math*, a joui d'une fortune presque aussi brillante. L'on adorait dans notre pays, un dieu *Matunus*, litt. « Ursinus » qui laissa son nom à la cité d'*Andematunnum*, aujourd'hui Langres et qui ne constitue, sans doute, qu'une abréviation pour *Andematunnodunum*, litt. « Forteresse du Grand (Dieu) Matunnus. » Mentionnons encore les noms propres *Matuos*, *Matua*, *Matucus*, *Matuco*, *Matuconius*, *Matucenus* et *Matugenos* litt. « Fils de l'ours » ainsi que *Matugenia*, « Ursi filia. »

Que l'on n'oublie pas, enfin, l'Irlandais *Mathghamuin* ou *Mathgambuin*, « Ourson », litt. « Veau de l'ours » d'où le nom de famille *Mac-mathghamna*, « Fils de l'ourson », qui est devenu *Mac-Mahon*.

Pour en revenir au Basque *Artza*, rappelons que M. Luchaire pense le retrouver dans le nom d'homme *Harsus* des inscriptions Aquitaniques. Ne se rencontre-t-il pas dans des textes beaucoup plus récents. Ainsi, il est question, dans une charte de 1119, d'un certain *Harse*, « Ours », fils de Garcia belce, litt. « Le noir » ; cf. *Belza*, « Niger ». Un autre document en date de 1314, mentionne comme citoyen de Pampelune, *Arsa* Miguel. Enfin, l'on nous parle dans un troisième écrit du nommé *Wilhelmus Arz*. C'est, du reste, le seul où *Artz* apparaisse comme nom de famille. Dans les précédents, il joue visiblement le rôle de prénom.

Bero ; « Chaud » ; à rapprocher visiblement de l'Irlandais *berbaim, bervaim* ; « Je cuis, liquéfie, fais fondre. » — Gallois, *berwi*, « Bullire » — Bas Breton, *bero, berv, beru*, « Bouillant, bouilli à l'eau, un bouillon » ; *bervi, birvi, birfi, berfi, berudenn ;* « Un bouillon, temps d'ébullition » ; *Birvidik* ; « Ardent, pétulant, zélé. »

Le primitif se devait rencontrer sous une forme *Borv, borvon* en Gaulois, comme l'établirait la dédicace *Borvoni deo* de l'inscription conservée dans le salon de l'établissement thermal de Bourbonne-les-bains. M. Holder traduit ce mot par « Fervens, Bulliens » et regarde *Borvo* comme un surnom d'Apollon, vénéré en qualité de patron des sources Thermales. Son culte semble avoir été associé à celui d'une déesse appelée *Damona* et dont il serait difficile de déterminer les attributions.

La racine *Borv* apparaît dans les noms de plusieurs localités gauloises. Citons p. ex. *Borvocetum*, aujourd'hui *Burscheid*, près d'Aix-la-Chapelle — *Borvoialum*, actuellement « La Bourboule », localité du Puy-de-dôme, renommée pour ses eaux thermales — *Borvius*, à présent Entrains ou Antrain, dans le département d'Ile-et-Vilaine, sur les bords de la rivière de Coësnon, à 6 lieues sud d'Avranches.

Reconnaissons encore cette même racine *borv* dans le nom de la province de Bourbonnais d'où celui de la famille royale des Bourbons et vraisemblablement aussi dans l'Espagnol *borbolhar, borbotar*, « Bouilloner » et *Borbollante*, « Bouillonant » — Portugais, *Borbulhar, berbulhar, borbotar*, « Jeter des bouillons », et *borbulhante* « qui jette des bouillons ». Il serait, en effet, malaisé de tirer ces termes du Latin *bullire*.

Du reste, le latin *fervere, fervidus* doit, sans aucun

doute, être tenu pour apparenté au Gaulois *berbaim*.
Ce dernier, non plus que le Basque *bero* n'ont donc rien
à faire avec le Latin *bullire*, litt. « Produire des bulles »,
de *bulla*, « bulle » et dont proviennent l'Espagnol *bul-
lir* ; le Vieux Béarnais *Borir*, « bouillir » et *borent*,
« Bouillant » ; le Béarnais moderne, *Bouri* (même
sens).

Rien d'étonnant, d'ailleurs, à ce que le *v* médial du
Celtique soit tombé en Basque. Un phénomène identique ne s'est-il point passé pour *Prootchu*, « Profit »,
de l'Espagnol *Provecho*, aussi bien que pour *Ohe*, « Lit »,
du latin *Fovea* et sans doute aussi *Bihotz*, « Cœur »,
litt. « Le Vivant » du Gaulois *Bivos*, « Vivus ». Effectivement, le *h* médial de ces derniers termes doit certainement être tenu pour adventice et d'introduction
plus récente.

Nous ne parlons pas de la transformation du *o* primordial en *e* dans *Bero*. Cette mutation semble assez
fréquente en Basque ; cf. *Mendi*, « Montagne », du
Latin, *Mons, montem* — *Leku*, « lieu », de *locum* —
Gezur, « Mensonge », du Français « Gosse » etc.

Phénomène bizarre, les termes Gaulois et Euskariens
semblent sur ce point offrir avec les dialectes Sémitiques
aussi bien que Chamitiques, une affinité que nous
n'hésitons pas à attribuer au seul hasard. On a p. ex.
en Hébreu, *Ba'ar*, « Arsit, exarsit » ; en Kopte, (dial.
Thébain) *bôr* et avec redoublement, *Berber*, *brbr*,
« Expellere, ebullire » ; (dialecte memphitique), *berber*,
« Ebullire » ; *Berbôr*, *bôrber*, « Ejicere ».

Bero, tu ; « Bouillir, i ; faire bouillir » ; cf. le précédent.
Berro, a ; « Cresson », d'après Larramendi. Il y a tout
lieu de le regarder comme apparenté au thème du

vieux Gaulois *beruro*, « Cresson de fontaine ». —
Irlandais *biror, bilor* — Cornique et Bas-Breton, *beler*.

Un doublet de cette forme, à savoir *berula* « Cresson »
nous est indiqué comme Gaulois par Marcellus, *de
medicam.* d'où le vieux Français *berle*.

Un second enfin nous serait fourni par l'Espagnol
berro, « Cresson », visiblement pris au Basque ou tout
au moins à un dialecte Ibérique, à rapprocher sans
doute, du Gallois *berw*, (dial. septentrional) et *berwy*,
(dial. du Sud).

La présence du double *r* dans l'Euskara et Espagnol
berro présente quelqu'obscurité, au point de vue étymologique. Ne pourrait-on pas l'expliquer d'une façon
satisfaisante, en admettant la chûte du *u* dans le Gaulois *beruro* ? C'est ainsi que l'Espagnol *Guerilla* est
devenu *Gerla* « Guerre » en Basque.

Bᴇsᴏ, ᴀ ; « Bras », sans doute apparenté au Bas-Breton
Biz, « doigt » — Cornique *bis, bys, bes* — Gallois *bys*,
« même sens » — Irlandais, *Bissi* (idem, en composi-
tion), d'un thême Gaulois *bissi* à rapprocher du vieux-
Norrain *Kvistr*, « Rejeton, branche » d'où *Il-Kvistr*,
litt. « Rejeton du pied » pour « doigt du pied ».

Toutefois une double objection pourra nous être
opposée. La différence de sens est bien considérable
entre ceux de « Doigt » et de « Bras ». Comment est-
on passé de l'un à l'autre ? En outre, de quelle façon
expliquer le *o* final de Beso, qui, sûrement, ne saurait
provenir du Gaulois *Bissi, bissis* ? La réponse à cette
dernière question s'appliquera à la précédente. Cette
voyelle terminale de *Beso* nous fait tout l'effet de n'être
autre chose que la désinence augmentative *on* du Néo-
latin, mais avec chute du *n* final comme dans *Gereño*,

« Étalon » de l'Espagnol *Carañon*, même sens — *Alo*,
de l'Espagnol *Alon* — *Bekhokia*, « Audace », de l'Espagnol *becoquin*, « Bonnet ». Nous traduisons donc litt.
le mot Basque par « Grand doigt », ce qui n'offre,
comme toute, rien de bien étrange.

Au reste, il nous semblerait difficile de repousser
toute idée d'affinité entre le Breton *biz* et le Kurde
Bâzou, « Bras » — Persan, *bâsou*, « même sens ». Sans
doute, l'on doit admettre que le Celtique a fait subir à
ce mot, une déviation sémantique considérable puisque
de la notion de « Bras », il en est arrivé à celle de
« Doigt », mais des exemples de mutations semblables
ne se rencontrent pas à chaque instant dans l'étude des
langues ? Est-ce que le Français « Paume » a juste
la même signification que le Latin *Palma* dont il
dérive ? On ne niera pas, sans doute, l'étroite parenté
du Basque *Zango*, « Jambe » avec le Landais *Chanque*,
« Échasse » ?

Il serait curieux, en tout cas, de constater que le
terme en question ne s'est plus conservé que dans
deux des groupes les plus éloignés géographiquement,
de la souche Indo-Européenne. Ce n'est pas la seule
fois, à coup sûr, que ce phénomène se produit ; voyez
p. ex. *Zakhurra*, « Chien ».

Enfin, l'on vient d'expliquer en vertu de quel procédé de dérivation, le Basque *beso* a fini par reprendre
sa valeur primitive de « Bras » qu'il avait perdue en
Gaulois.

BESOGAIN, A ; « Mouvement du bras par dessus l'épaule » ;
litt. « Sommité du bras, au-dessus du bras » ; cf.
Beso et *Gain* ; « Super, pars superior ».

BESOPE, A ; « Mouvement du bras par dessous l'épaule »,
litt. « Sub brachio » ; cf. *Pe*, « Sub ».

Besoz-Beso ; « Bras dessus bras dessous », litt. « Brachium par Brachium », la finale *z* marquant ici le
médiatif comme dans *Mendiz mendi* ; « de montagne en
montagne », litt. « Mons per montem » — *Parrez par* ;
« En position égale », litt. « Par per parem ». N'avons-
nous pas des procédés de formation très analogues,
p. ex. dans nos locutions Dos-à-dos — Vis-à-vis —
Terre-à-terre — Tête-à-tête, etc. Il est bon d'observer
d'ailleurs que l'Euskara ne forme guères de composés
par simple redoublement, ainsi que le fait le Français
p. ex. dans Pousse-pousse, Coupe-coupe, Tam-tam.

Bidal, i ; « Trouver, é ; procurer, é », litt. « *Facere
ad viam* » ; cf. *Bide* ; « Chemin. ».

Bidaro, a ; « Occasion, temps, moment favorable » Ex.
*Bidaro onetan ibilten niz aise, bena bidaro gaichtoetan
nekez yalgiten niz etchetik* ; « Dans le temps favorable
aux voyages, je marche facilement ; mais, quand le
temps est mauvais, j'ai peine à sortir. » *Bidaro* se peut
traduire littéralement par « Opportunitas via », de
Bide, « Chemin, voie ». Voy. plus bas et *Aro*, « Saison,
temps propice ».

Bidarri, a ; « Pavé » ; litt. « Pierre de chemin », de
Bide ; « Via » et *Harri*, « Petra », voy. ces mots.

M. Van Eys estime que, correctement, on aurait dû
écrire *Harribide* et cite, à ce propos, l'Allemand *Steinweg*, qui signifie quelquefois pavé. Nous aurions peine
à nous ranger à son avis. Le sens littéral et sans doute
aussi le plus fréquent de *Steinweg* est celui de « Voie
empierrée ». Ce n'est que par extension qu'il revêt
celui de « Pavé ». Le Basque *Harribide* aurait lui aussi
la valeur de « Chemin empierré » et nullement celui
de « pavé ». Le composé *Bidarri* est parfaitement cor-

rect, tant au point de vue de la syntaxe qu'à celui du sens.

BIDE, A ; « Chemin, voie, passage », visiblement à rapprocher de l'Irlandais *bith* qui se rencontre dans des composés tels que *Fo-bith* ; « A cause de, parce que », litt. « Sur le chemin ». Ceci suppose une forme gauloise *Bêti-s* ; « Via, iter » dont la racine se retrouve dans le Latin archaïque *betere*, « Aller » et, sans doute aussi, dans la seconde partie du composé Grec (dialecte Dorien), Βουβῆτις ; « Passage pour le bétail », de Βοῦς, « Bos ».

Le Basque *Bide* n'a visiblement rien à faire malgré une ressemblance phonétique et sémantique incontestable avec le Russe *Pyt*, « Chemin », non plus que le Zend *Petho* (même sens) ». Laissons également de côté, le Béarnais *bie*, « Chemin, voie », d'où le diminutif *Biot*, « Sentier, petit chemin », ce que dans la Loire-inférieure, on appelle une « Voyette », ainsi que le Vieux-Béarnais *Bia* du Latin *Via*, qui se retrouve sous une forme identique en Espagnol, Portugais et Italien. Du reste, le Latin *Via* est lui-même pour un archaïque *Veia, vehia* qui nous offre la même racine que *Vehere*, « Voiturer, transporter ». En effet, le chemin n'est-il pas la partie du sol spécialement consacrée aux transports ?

En tout cas, l'on ne saurait douter que ce mot *Bide* n'existât déjà sous une forme très peu différente dans l'Ancien Ibérien ; citons à preuve les noms des deux chaînes de montagnes, dont la première et la plus importante n'est autre que l'*Idubeda*, litt. « Chemin des bœufs », en Basque moderne *Idibidea*, de *Idi* « Bos » et *Bide*. Du pays des Cantabres, au Nord, elle con-

tinue vers le Midi jusqu'au pays des Celtibères en tra-
versant la région occupée par les Pélendons.

Quant à la seconde, c'est l'*Orospeda*, litt. « Chemin,
passage des veaux », en Basque d'aujourd'hui *Orox-
bide ;* cf. *Orox*, « Vitulus ». Cette dernière conserve
encore à présent, son nom antique. Elle forme comme
un cercle enveloppant les sources du *Baetis* ou Guadal-
quivir, lequel, comme on sait, arrose l'Andalousie pour
se jeter dans la Méditerranée.

L'on conçoit le nom de gros animaux donné à des
éminences du sol. Une chaîne de montagne a fort bien
pu être comparée à un troupeau de ruminants ; *Montes
exultaverunt sicut arietes et colles sicut agni ovium* (1).
Par exemple, ce qui s'expliquerait moins, ce serait
l'épithète de « Chemin » appliqué à une chaîne mon-
tagneuse ; ce serait plutôt celle de « Barrière » qui lui
semblerait mieux convenir. Nous pouvons donc être
certains que dans les locutions *Idubeda*, *Orospeda*, le
terme *Beda* ou *Peda*, « Chemin, passage » se trouve
pris dans un sens métaphorique. Lorsque nous disons
p. ex. « Un passage de ramiers, de palombes », ce
terme signifie spécialement « la troupe qui passe » et
non la direction par elle suivie.

Du reste, les termes *Idi*, *orox* semblent aussi bien
d'origine Celtique que *Bide* lui-même. Rien d'étonnant
à ce que les Romains, à leur arrivée en Espagne, aient
trouvé la carte de ce pays, chargée de noms gaulois.

Nous donnerons plus loin d'autres exemples du même
phénomène linguistique. Est-ce qu'à ce moment là, les
conquérants venus de la Gaule ne s'étaient pas, depuis

(1) Voyez Psaume CXIII, verset 4.

un certain temps déjà, établis en vainqueurs dans une grande partie de la Péninsule ?

Ajoutons que *Bide*, « Chemin » n'a certainement rien de commun avec son homophone, marquant doute, interrogation, comme, par exemple, dans la locution *Ethorri bide da* ; « Il est peut-être venu », par opposition à *Ethorri da* ; « Il est venu ».

BIDEGABE, A ; « Tort, préjudice », litt. « Sinè viâ » ou « ce qui en est dehors de la droite voie », cf. *Bide* et *Gabe*, « Sinè ».

BIHOTZ, A ; « Cœur », tout bien considéré, nous fait assez l'effet de n'être autre chose que le Gaulois *Bivos* ; « Vif, vivant » ; rapprochez-en le Latin *Vivus*, d'un archaïque *Gvivus* ; cf. le Grec Βίος, « Vie », lui-même pour un primitif ΓΓίός — Gothique, *Quius*, « Vivant ». — Anglais *Quick*, « Vif, prompt, animé » — Allemand, *Queck*, *keck* ; « Eveillé, doué de vie, ayant de la vivacité » — Moyen-haut-Allemand, *Quëc*, *këc*, même sens. — Vieux-haut-Allemand, *Quëc*, *quëkh*, *chëc* — Vieux-Slavon *Jivo* — Lithuanien, *Gywas*, « Vivant », d'une racine Indo-Européenne *Giv*, *giv*, d'où le Sanskrit *Djiva-mi*, « Vivo ».

Ce passage du sens abstrait de « Vivant » à celui de « Cœur » nous semble assez dans le génie de la langue Basque. Est-ce que, comme nous nous sommes efforcés de l'établir dans un précédent travail, on n'a pas tout lieu de considérer le mot *Beharri*, « Oreille » comme une contraction de *Behagarri*, litt. « L'attentive, celle qui entend », de *bea* ou *beha*, « Audire » ?

Quant au *s* final devenant *tz*, nous savons que l'on a plus d'un exemple de ce phénomène phonétique ; voyez ce qui a été dit à propos d'*Anitz*.

Enfin si le *v* médial est devenu ici *h*, c'est exactement ce qui a eu lieu pour *Prootchu*, « Profit » de l'Espagnol *Provecho* ; *Ohe*, « Lit » du Latin *Fovea*.

Nous demandera-t-on maintenant pourquoi nous préferons pour *Bihotz* l'étymologie gauloise à la latine, pourquoi nous le faisons dériver plutôt de *Bivos* que de son synonyme *Vivus*. C'est qu'un dérivé de ce mot semble se retrouver dans le nom propre *Bihoxus* des inscriptions Aquitaniques que M. Luchaire tient pour synonyme du Latin *Cordatus* « Sensé, prudent, judicieux », de *Cor*, *cordis*. Cette circonstance semblerait de nature à faire remonter l'introduction du terme *Bihotz* en Basque et le remplacement du *v* médial par *h*, à une époque assez ancienne, sans doute antérieure à la conquête Romaine.

Bihotzka, tu ; « Chagriner se, chagriné, éprouver, é une vive contrariété », litt. « Per cordem *facere* », de *Bihotz* déjà vu et de la suffixe allative-instrumentale *ka*.

Bil, du ; « Amadouer, é ; flatter, é », ne doit-il pas être rapproché de l'Irlandais *Bil*, « Bon, sûr, heureux, fort, bien portant », lequel devait exister en Gaulois sous une forme *bilos*, *bilis* « Bon, sûr, aimable » comme le prouvent les noms propres *Mandubilos* que l'on a rendu par « Celui qui réfléchit bien » (1) — *Bilicatus*, litt. « Bon combattant », etc.

Ce serait la variante *bili*, *bilis* qui aurait donné, par voie de redoublement, naissance au nom de ville *Bil-bilis* ; litt. « La très forte, la très sûre », située près de Calatayud, dans la province de Saragosse.

Peut-être enfin serait-ce le même radical *Bil* que

(1) M. d'Arbois de Jubainville, *Les noms Gaulois chez César et Hir-tius*, pp. 128 et suiv.

nous retrouvons dans la seconde partie du nom du chef
Celtibère *Intibilis*. Il est vrai que l'origine du dissyllabe
initial *Inti* n'est pas très claire. Serait-ce une altération
pour *Ande*, préfixe d'intensité (Voy. *Andi*) et qui en
Irlandais, devient *Ind* ou *int*, lorsqu'il est infecté par
le *s* qui suit ? Nous n'oserions trop le supposer. Dans
cette hypothèse, le nom entier d'*Intibilis* serait tout
Celtique et signifierait litt. « Grandement fort, le très
sûr ».

Rappelons, en tout cas, que l'explication que l'on
avait voulu en donner par le Basque actuel n'est point
acceptable. Quelques uns prétendaient, en effet, y voir
un composé pour *Mendi-bil*, litt. « Amas de montagnes ».
Outre qu'on ne concevrait guères une telle dénomination affectée à un homme, observons que *Mendi* « Montagne » vient, sans conteste, du Latin *Mons, tis* et
n'existait pas, à coup sûr, en vieil Ibérien. Même obser-
vation au sujet de *Bil*, synonyme d' « Amas, réunir,
amasser » ce dernier parait se devoir rattacher au Latin
Pila. En Français du XIVe siècle, on disait encore *belle
pile* pour « Beaucoup ». Il n'a donc rien à faire avec
son homophone au sens de « Bon, amadouer ».

En tout cas, le terme Gaulois ne saurait être rapproché du Latin *Bellus* « Joli », pour un primitif *Benlus*
qui dérive lui-même d'une forme archaïque *benus,
dvenus*, sorte de doublet de *Bonus, dvonus*.

Aurait-il, en revanche, quelque lien de parenté avec
le grec φίλος, « Ami » — vieux Norrain, *Bileygr* —
Allemand, *Billig*, « Juste, équitable, raisonnable » —
Moyen et Haut-Allemand, *Billewit*, « Simple, innocent » ?
M. Kluge attribuerait volontiers à tous ces termes
Germaniques, une origine Celtique. Peut-être convient-

il également d'en rapprocher le Lithuanien *Gailùs*,
« Compatissant, miséricordieux »,

C

Chipi, a ; « Petit » en dial. Labourdin. M. Van Eys voit
dans ce mot, une altération de *Chiki* ; « Petit » dérivé
lui-même, vraisemblablement de l'Espagnol *Chiquin*.
Voy. Béarnais, *Chic* ; « Petit ».

Nous préférerions, pour notre part, lui attribuer une
origine Celtique ; Voy. *Ttipia* ; « Petit ».

Chipitasun, a ; « Petitesse », du précédent et de la finale
substantive *Tasun* ; voy. *Anditasun*.

E

Ele, a ; « Gros bétail », en dial. Labourdin, d'après
Larramendi, nous semble, lui aussi, de provenance
Celtique.

Sans doute, nous ne songerons pas à le rapprocher de
l'Écossais *Allaid*, p. ex. dans *Ag-allaid*, « Chèvre »
mais serait-ce téméraire de lui supposer une parenté avec
le Gallois *Eilon*, « Cerf » et *Elain*, « Faon » ? Le même
terme se retrouve, sans aucune doute, dans le Lithuanien *Élnis*, « Élan », le Vieux Slavon *Jéleni*, « Cerf ».
Il devait faire partie du lexique Indo-Européen primitif, mais aura disparu du Vieux Germanique pour être
remplacé par un synonyme dans lequel une gutturale
ou spirante se trouve substituée à l'ancien *n* médial ;
cf. Vieux-Haut-Allemand, *Elaho* — Moyen-Haut-Allemand, *Elch, elhe* — Allemand, *Elch* — Anglo-Saxon,
Eolh — Vieux-Norrain *Elgr* — Anglais *Elk*, d'où le
terme de *Alces* employé par César pour désigner le

grand cervidé de la forêt hercynienne. M. Kluge estime que le doublet de l'Allemand, *Elen, elend, elenthier* a pu être pris au Lithuanien. Son introduction relativement récente dans la langue, ne permet guères, en effet, de supposer qu'il y soit entré par l'intermédiaire du Celtique.

Phonétiquement, *Ele* constitue donc, comme on le verra plus loin, une sorte de doublet d'*Oreña*, « Cerf ». La chûte du *n* final primitif dans le premier de ces deux mots est un phénomène très fréquent en Basque ; cf. par exemple, *Gereño*, « Étalon », de l'Espagnol *Garañon* — *Mazkaro* ; « Mouton ayant le museau bigarré », encore de l'Espagnol *Mascaron*, « Mascaron, masque grotesque » etc.

Signalons l'affinité que, jusqu'à nouvel ordre, nous devons tenir pour fortuite, du terme Basque avec certains correspondants dans les dialectes Sémitiques et Chamitiques. L'on a p. ex. en Assyrien *Aile*, « Bélier » — Kopte (dial. Baschmourique), *Ail*, « Bélier » ; (dial. Memphitique), *Oili* ; (dial. Thébain), *Oile*, oeilé idem et (dial. Memphitique), *eioul, eoul* ; « Cerf », (dial. Thébain *ieoul, eeieoul, eioul, eieoul, eei-eioul*, (même sens).

Ez ; « Non, ne pas » pourrait être regardé comme d'origine Latine aussi bien que d'origine Gauloise. Nous verrons tout à l'heure ce qui nous déciderait à préférer cette dernière. La particule souvent accolée en Gaulois avait le plus souvent une valeur privative ou négative ; Ex. : *Exomnus, exsomnus, exobnus, exsobnus,* au féminin *Exomna, exsomna, exomnia, exona* ; litt. « Sans peur, brave », parfois employé comme nom propre, de *obnus, obnos,* « Peur, crainte » — *Exacos, exacon* ou

Eks-âko-s, « Fade, sans saveur » de *Ako-s* ; « Aigre, piquant », cf. Latin *Acer*. Ce terme servait à désigner une plante dont Pline nous donne la forme latinisée *Exacum*, litt. « La fade ». Le vieux naturaliste nous la représente comme douée de vertus médicinales. C'était une espèce de *Centaurium*, connue aussi sous le nom de « Fiel de terre ».

En tout cas, cet *ex* ou *eks* de l'ancien Gaulois perd souvent sa gutturale dans les dialectes Néo-Celtiques ; cf. Vieil-Irlandais *Éss, ess, ass, as*, d'où le nom propre *Esomu(i)n, Essamin*, qui correspond parfaitement pour le sens au Gaulois *Exobnos*. Nous le retrouvons en Gallois sous les formes *Ehofyn*, « Intrépide », *Éhouyn*, *éhofn* et même, en dialecte du sud, *echon*. C'est le *Choffn* (même sens), du Moyen-Breton.

Cet *ex*, *eks* du Gaulois devient parfois *a* en Cornique. Le Bas-Breton le connaît sous la double forme *e* et *ez* ; cf. *Eaug*, « Roué, le chanvre ou le lin » litt. « Sans saveur, sans parfum », parce que les fibres de ces textiles sentent fort mauvais, quand on les fait macérer dans l'eau. Ce mot, aussi bien que *Eog*, « Mûri, le fruit ; amolli ; qui a perdu son piquant naturel », comme le fait observer M. E. Ernault, se rattache au Gaulois *Exacon*, déjà étudié.

Maintenant, le Bas-Breton spécialement dans les dialectes de Trégrier, Vannes et Cornouailles nous montrera *Ex, ez, es* jouant le rôle d'une particule aussi bien négative que privative, p. ex. dans *Ezvezeff* « Être absent », de *Bezeff*, « Adesse » — *Exparex* ; « Extraor-dinaire », de *Par*, « Pareil » où le son primitif du *ks* s'est conservé — *Espledet*, « Distrait », de *Pled*, *plet*, « Attention ».

Avant de quitter le domaine Celtique, citons à titre de pure curiosité, le déchiffrement proposé par M. Monin, pour l'inscription tumulaire *Sdaib sda* trouvée en Touraine. Il propose de la rendre par le latin « Malis malus » ou « Mauvais aux méchants » (1). Nous y retrouverions le *s* initial, abréviation de *ex*, *eks* pris avec une valeur négative. D'autre part *da* « Bonus » serait pour le terme Gaulois *Dagos*, « Bon », d'où le Bas-Breton archaïque *Da*, « Agréable, bon ». C'est encore de là que vient notre locution *Oui-da* pour « Oui bien », équivalent parfait de l'Allemand *Ja wohl*. Toutefois, on s'expliquerait difficilement qu'à l'époque où l'inscription a dû être gravée, les vieilles formes Celtiques fussent déjà si altérées.

En tout cas, la particule *ex* reparait encore en Latin et quelquefois avec le même sens de négation, de cessation ; cf. p. ex. : *Exsanguis, exanimus, exarmatus, exhaeredo, excalceo, excludo*. Le plus souvent, toutefois, *e* ou *ex* préfixe possède dans cette langue, des valeurs notablement différentes, voy. p. ex. *Effugio*, « Je m'enfuis » pour *Ex-fugio* — *Egredior*, « Je sors » de *Gradior*, « Marcher » — *Emitto*, « Je lance » etc. Aussi devons-nous constater qu'au point de vue de la sémantique et sans doute aussi de l'étymologie, c'est du Gaulois plus que du Latin que se rapproche le terme Basque.

Ajoutons par parenthèse, qu'en général, lorsqu'un terme de cette dernière langue se peut expliquer à la fois par l'une ou l'autre des deux précédents idiômes, c'est l'étymologie Gauloise qui a le plus de chance d'être la vraie.

(1) M. Monin, *Monuments des anciens idiômes Gaulois ;* chap. IV, p. 99 (Paris 1861).

Il convient du reste de rapprocher sans hésiter de la préposition Celto-latine *ex*, l'Osque *Eh* — Grec, ἐκ, ἐξ — Lithuanien, *Isz* — Vieux-Slavon *Izu*. Sans doute, elle existait dans la langue Indo-Européenne primitive.

Que le *Ex* primordial soit devenu *Ez* en Basque, cela semble tout naturel. La gutturale forte n'est-elle pas sujette à y tomber devant une autre consonne ; ex. : *Izit*, « Effrayer » de « Excitare » — *Frutu* de « Fructus » — *Efetu* de « Effectus », effet. — *Eliza*, « Église » de « Ecclesia » — *Onzione*, « Onction — *Errespetu*, « Respect ».

Ez, A ; « Refus, négation, le non » ; Ex. *Eza edo baia behar dut* ; « Il me faut le oui ou le non », *id est* « que vous répondiez oui ou non ». Ce n'est autre chose que la particule précédente prise substantivement.

Ezapen, A ; « Impossibilité », litt. « La partie négative, ce qui est nul ou négatif ». Cf. *Ez, a* binde vocal et *Pen* finale comme dans *Beherapen* ; « Période décroissante de la lune », de *Behere*, « Inférieur, en dessous » *Gorapen* ; « Période croissante de la lune », de *Gora* ; « En haut, en dessus » — *Hastepen*, « Commencement » de *Has, haste* « Incipere » etc., etc.

Ezbai, A ; « Doute, incertitude », litt. « Est-ce oui, est-ce non ? » de *Ezet* et de *Bai* particule affirmative.

Ezdeus, A ; « Vaurien » semble formé d'une façon assez singulière. Reconnaissons-y d'abord, la particule *ez* ; « Non, sans » déjà vue. Quant à la partie finale *Deus*, « Rien », le prince Louis-Lucien Bonaparte y reconnaissait le Latin *Deus*, « Dieu ». La locution *Deus ezta, deus ezda* ; « Il n'y a rien », correspondait littéralement à « Il n'y a pas même Dieu », lequel est partout. Deus a donc fini par prendre le sens d'une négation renforcée

comme notre mot « Rien », du Latin *Rem,* p. ex. dans
« Il n'y a rien, je n'ai rien dit » ; comme « Goutte »,
du Latin *Gutta* dans « Je n'y vois goutte ».

Ezdeus constituerait donc un terme hybride puisqu'il
se compose de deux éléments pris à des idiômes différents, à savoir au Gaulois et au Latin. N'est-ce pas
ainsi que nous avons formé en Français « Théodicée »
du Grec Θέος et du Latin *dicere* — « Pyroligneux »,
de Πῦρ, « Feu » et de « *lignum* » — « Décimètre », de
Decem et du Grec Μέτρον, « Mesure » etc. » ?

Au point de vue sémantique, *Ezdeus* ne répondrait pas
mal à notre expression vulgaire « Un rien du tout »
pour « un drôle ».

Ezdeus, tu ; « Anéantir, i », litt. « *Facere* ad nihilum »
cf. le préc.

Ezdeuskeri, a ; « Acte nuisible, chose faite de travers »,
litt. « Un rien, une inutilité » cf. *Ezdeus* et *Keri,* suffixe substantive.

Ezezta, tu ; « Anéantir, i ; détruire, détruit » est d'une
explication assez difficile. Nous avions d'abord cru y
retrouver la particule négative redoublée, cette répéti-
tion n'ayant d'ailleurs qu'une valeur purement intensive. Au point de vue du sens, une pareille explication
ne laisserait pas que de se heurter à certaines difficultés. Et puis que signifierait le *Ta* final ? Mieux vaut,
croyons-nous, tenir le mot Basque pour formé de *Ez*
« Non, sans » et de l'Espagnol *Estar,* du Latin *Stare* et
rendre le tout litt. par « *Facere* ut non sit, ut non stet ».

Ezin, a ; « Impossibilité, impuissance » de *Ez,* « Non » et
d'une finale substantive ou adjective *in* que nous retrouvons p. ex. dans *Chotin,* « Hoquet », de l'Espagnol
Chotar, « Téter » — *Urdin,* « Gris » litt. « Porcinus
Colon », de *Urde,* « Porcus ».

Ezen, DU ; « Devenir, devenu impuissant » ; cf. le préc.

Ezinbeste, A ; « Impossibilité », forme de *Ezin* déjà vu et de *Beste*, « Autre », forme archaïque conservée en Guipuscoan, mais qui en Bas Navarrais, se trouve généralement remplacée par *Bertze*. Le terme en question, formant en quelque sorte redondance pour le sens nous parait devoir se traduire litt. par *Aliud impossibile*.

G

Gal, DU ; « Perdre, perdu ; de perdre » ; Ex. : *Ene molxa galdu dut* ; « J'ai perdu ma bourse ». — *Bizioek galtzen dute gizona* ; « Les vices perdent l'homme ». Ce mot nous fait tout l'effet d'être d'origine Gauloise. Cf. Bas Breton, *Koll*, « Padre » et (dial. Vannetain *Kollein* — Ecossais *Caill*. La gutturale forte initiale a parfaitement pu s'adoucir en *g* comme dans *Gaztiga*, « Châtier », de *Castigare* — *Gela*, « Chambre » de *Cella*, « Office, cellier » — *Gorte*, « Cour », de l'Espagnol *Corte* etc.

Du reste, la différence de sens est trop considérable pour que nous songeions à rapprocher le mot Basque du Français *Galer*, » Égratigner », d'où, sans doute, l'Anglais *To gall*, « Excorier » et qui paraissent se rattacher à notre mot « Gale », dont l'origine reste si obscure.

On ne saurait davantage lui attribuer une parenté avec l'Espagnol *Calar*, « Percer, pénétrer, sonder, abaisser » — Italien, *Calare*, « Baisser, descendre, diminuer », d'où le Français « Caler », synonyme de céder, p. ex. dans la locution « Caler doux ». Tous les mots dont il vient d'être question en dernier lieu se

rattachent, sans aucun doute, au Latin *Chalare*, tiré
lui-même du Grec Χαλᾶν. Laissons de côté également le
Vieux Provençal et Vieux Béarnais *Caler*, « Falloir,
importer » — Béarnais, *Calle*, « Falloir ». — Vieux
Français *Chaloir*, du Latin *Calere*, « Être chaud ».

Encore moins pourrait-il être ici question du Latin
Callere, « Pouvoir, avoir, posséder » dont le double *l*
ne se retrouve point en Basque.

GARAGAR, RA ; « Orge » nous avait, à première vue, fait
l'effet de dériver de l'Espagnol *Gragea*, « Dragée » —
Portugais, *Grangeia*. Au moins dans ces deux derniers
mots, le *g* tient la place d'une dentale primitive ; cf.
Vieux Provençal, *Dragea* — Italien *Traggea*. Ces termes, d'ailleurs, sont tirés du Bas-Latin *Dragata*, *trage-*
mata, dérivés eux-mêmes du Grec Τραγήματα, « Frian-
dises », racine Τραχεῖν ou Τράγειν, « Manger ».

M. Psichari a très heureusement expliqué la substi-
tution de la gutturale douce à la forte dans *Dragea* par
l'adoucissement normal en grec moderne des dentales
muettes, lorsque le mot qui précède est terminé par
un *n*. Précisément, ce phénomène a dû forcément se
produire dans des locutions telles que la suivante
Φέρουσιν Τραγήματα, « On apporte le dessert ».

Sans doute, le grain d'orge dépouillé de son enve-
loppe a bien l'air d'une petite dragée et, d'autre part,
l'intercalation d'un *a* entre le *g* initial et le *r* qui suit,
se constate p. ex. dans *Garhiña*, « Cri de désespoir » à
rapprocher du Français « Grogner » ; Espagnol *Gruñir* —
Latin, *Grunnire* — *Garailla*, « Gravier » ; du Vieux-
Français « Graille ». Quant à la finale *ar*, *ra*, on pourrait la considérer comme une simple dérivative comme
dans *Othar*, *ra*, « Champs d'ajoncs », de *Othe*, « Ajonc »

et rendre litt. le mot entier par « qui ressemble à la dragée ».

Néanmoins, outre qu'un telle dénomination aurait quelque chose de bien recherché, on s'expliquerait difficilement que le nom Basque d'un végétal aussi répandu que l'orge n'ait été emprunté qu'à une époque relativement moderne aux dialectes Néo-Latins. Enfin, comment admettre que le second *g* de *Grage* qui représente un son légèrement aspiré soit redevenu gutturale forte en Euskara ? L'inverse se concevrait plus aisément, à coup sûr.

Aussi, avons-nous jugé plus prudent de chercher l'origine de ce mot dans le domaine Celtique. D'abord, nous pensâmes la trouver dans l'Irlandais *Calg, colg* ; « Barbe de l'orge », mais toujours avec la même finale *ar, ra*. Alors, l'appellation donnée à ce végétal constituerait un véritable pléonasme et pourrait se rendre au pied de la lettre par « Qui a la barbe de l'orge ». De plus, on ne concevrait guères la voyelle intercalée entre le *l* et le *g* et qui aurait amené la transformation de la liquide dentale en *r*, car la diphtongue consonnantique ne parait rien offrir de contraire aux exigences de la phonétique Basque ; cf. *Galgarri*, « Pernicieux » — *Bilgi*, « Resserre, endroit où l'on ramasse les objets » — *Elgar*, « L'un et l'autre » — *Halga*, « Bruyère » — *Bilgora*, suif, etc., etc.

Mieux vaut en définitive, tenir le substantif *Garagarra* pour formé de *Gari*, « Blé », terme de provenance Celtique ainsi que nous l'allons exposer tout à l'heure et d'une finale *gar* où nous verrons une abréviation de *Garratz* ; « Aigre, piquant ». Le sens du mot entier serait donc quelque chose comme « Blé piquant ».

Impossible, on en conviendra, de désigner d'une façon
plus exacte, la céréale en question, puisqu'elle se dis-
tingue précisément par des barbillons. Rappelons nous
qu'en Sanskrit, *Çituçâka* ou « Orge » signifie propre-
ment « Épi acéré », pour opposition à *Çitasûka*, litt.
« Épi blanc », c'est-à-dire « Blé, froment ».

Le *tz* final de *Garratz* serait tombé comme l'a fait la
sifflante dans *Baberruma*, « Haricot », litt. « Fève
inférieure », de *Baba*, « Faba » et *Errumes*, « Abject
de peu de valeur ». Quant au *i* finale de *Gari*, il sera
tombé, comme le font souvent les voyelles terminatives.

GARAGARILLA ; « Mois de juin », litt. « Mois de l'orge », de
Garagarra déjà vu et *Ila* ou *Hila*, « mois, lune ».

GARAU, A ; « Grain » en Guipuscoan et Bas-Navarrais. Ce
mot nous semble formé de *Gari*, « Blé », mais avec
remplacement du *i* final par la désinence *au* laquelle
indique « Généralisation, réunion » ; ex. : *Alzau, a* ;
« Tas de foin, de fougère » de l'Espagnol *Alza*,
« Hausse » litt. « Ce qui forme hauteur ». *Garau* se
devrait donc rendre par « ensemble des objets qui ressemblent au froment », et, par suite, « Grain » en
général. La provenance du mot serait donc encore Celtique ; Voy. le suivant.

GARI, A ; « Blé, froment » en dial. Guipuscoan est rappro-
ché par Pictet de l'Irlandais *Gart* ou mieux *Gort*
« Moisson encore sur pied » et par suite « Blé » —
Gallois *Garth*, et, au pluriel *Girth*. — Bas-Breton,
Garz, « Haie » et *Gorz*, dans *li-orz* ; « Courtil, jardin »
d'une forme gauloise *Gortos* ; « Jardin, champ ».

On serait donc, par une transition facile à compren-
dre, passé de l'idée « d'Enclos, jardin » à celle de
« Récolte, moisson », puis à celle de « Blé, grain

récolté ». Quant au *i* final du Basque, il tiendrait la place d'une dentale primitive, comme dans *Zori* « Sort », synonyme de *Chorthe* plus spécialement employé en Basse Navarre, du Latin, *Sors, sortem*. D'ailleurs, cette finale *i* possède par elle-même une valeur de participe passé ; cf. *Gazi*. « Salé » de *Gatz* « Sel ». *Gari*, tiré de *Gart, gort* voudrait donc dire, au pied de la lettre « Moissonné, ce qui a été moissonné ». N'est-ce pas, somme toute, à peu près le sens de notre mot « Blé, bled », de *Ablata* (sous-entendu *Messis*).

Par exemple, là où nous aurions peine à adopter la façon de voir du savant Génèvois, c'est dans l'explication qu'il donne du terme en question. Il la fait venir d'une racine *gr* « Deglutire », d'où le sanskrit *Gâritra* « Riz » — Kurde, *Garez*, « Millet » — Arménien, *Goreag*.

Pictet regarde, en quelque sorte, la racine *gr̄*, « Confici, concoqui Stomacho » et, par extension « Senescere » comme un doublet de la précédente. C'est d'elle que dériveraient le Latin *Granum* — Irlandais *Grán* — Gallois *Grawn* — Cornique *Gronen* — Bas-Breton *Greunen* et Singulier Singularissime *Greun*, d'un Vieux Gaulois *Grânon*, « Blé », à rapprocher visiblement de l'Allemand, Vieux Norrain et Suédois. Moyen haut Allemand *Korn* — Vieux Haut Allemand *Chorn*, « Blé » — Gothique *Káurn* — Anglais et Anglo-Saxon, *Corn ;* « Blé » — Hollandais, *Graan* (sans doute pris au Latin ou au Français) et *Koren*, « Blé, grain » — Vieux Slavon *Zrŭno, zrino*, « Grain » — Russe, *Zerno* (même sens) — Polonais, *Ziarno*, idem — Tchèque, *Zrno* — Illyrien, *Zarno* — Lithuanien, *Žirnis*, « Pois » — Afghan, *Zaṛai, zaṛai* et peut-être même Grec Γῦρις, « Fleur de farine » Dans cette hypothèse, il y aurait entre le Latin *Granum* et le Basque *Gari*, une sorte de parenté, à la vérité des plus éloignées.

Que l'étymologie de *Garez, zrino* soit bien celle qui vient d'être dite, nous n'y contredirons pas, mais d'un autre côté, la présence du *t* final dans les formes Irlandaise et Galloise *Gort, garth* ne se prête guères à une pareille dérivation. Si, comme nous l'admettons volontiers sur l'autorité de Pictet, le Basque *Gari* doit être rapproché de *Gort*, il ne saurait rien avoir à faire avec le Latin *Granum*, l'Allemand *Korn*.

On doit, au contraire, le rapprocher du Latin *Hortus*, « Jardin » — Osque, *Hurtum* — Grec, Χόρτος ; « Herbe », foin, gazon, herbe, pâture, fourrage, jardin potager, clos, haie d'une basse-cour — Allemand, *Garten* (d'où notre mot « Jardin », archaïque *Gardin*. — Moyen Haut Allemand, *Garte* — Vieux Haut Allemand *Garto* — Vieux Saxon, *Gardo* — Vieux Frison et Gothique, *Garda* — Gothique, *Gardso*, « Cour, maison, famille » — Vieux Norrain, *Gardr*, « Clos, enclos, haie, maison » — Suédois, *Gaord*, « Cour, maison, habitation », d'où le composé *Kirken-gaord*, « Cimetière », litt. « Cour de l'église ». Peut-être y a-t-il une parenté à établir entre tous ces mots et le Vieux Slavon *Gradu*, « Ville, forteresse, enceinte » — Russe *Gorod*, « Ville » — Lithuanien, *Gárdas*, « Parc, enceinte ». En tout cas, M. Kluge regarde ces termes Letto-Slaves comme pouvant fort bien avoir été pris au Germanique. Il repousse d'autre part, l'opinion qui consisterait à chercher la racine de *Garten, garden* dans l'Allemand *Gürten*, « Environner, ceindre, sangler ». Effectivement, ce dernier terme est purement Germanique et, d'autre part, la comparaison avec le Grec Χόρτος ; le Latin, *Hortus* visiblement apparenté au substantif Allemand *Garten* semble bien démontrer que ce dernier remonte à la période Indo-Européenne.

Pour se rendre compte d'ailleurs des diverses significations d' « Enclos, maison, famille, prairie » revêtus par le Grec Χόρτος aussi bien que par le Vieux Norrain, *Gardr* ou le Gothique, *Gards*, il faut, comme le remarque M. Kluge nous reporter à cette époque antique où chaque division de la tribu détenait à titre éphémère d'abord, puis, plus tard en toute propriété, une portion du sol environnée de haies ou de barrières. Ce qui n'était pas clos n'appartenait à personne en particulier et restait le bien commun de tous les membres de la peuplade. Tout clos supposait par là-même une habitation et des champs cultivés ou des pâtures dont le public n'avait plus droit de jouir.

Ajoutons, en terminant, que *Gari* dans l'hypothèse par nous adoptée comme la plus probable, ne saurait non plus rien avoir malgré une ressemblance incontestable sous les deux rapports morphologique et sémantique avec l'Allemand *Gerste*, « Orge » — Moyen Haut Allemand, *Gërste* — Vieux Haut Allemand, *Gërsta* — Hollandais, *Gerst*. C'est, comme le fait observer M. Kluge, une dénomination spéciale dans le groupe Germanique aux seuls dialectes Allemands. Elle n'en doit pas moins être considérée comme primitive, puisqu'elle présente une parenté bien qu'éloignée avec le Latin *Hordeum* — Arménien, *Gari* — Géorgien, *Keri* — Osséli, *Chor* — Pehlevi, *Jurd-âk*, « Grain, blé » — Beloutchi, *Zurth-âni*, même sens.

Pictet croit devoir rapprocher tous ces mots du Per-

san *Ch'ur*, « nourriture » ; *Ch'urdan,* « Manger ». Voyez
Zend *qĕrĕ, qar* « Edere », mais il en sépare nettement
Hordeum auquel il assigne pour source le sanskrit
hṛdya « Aimé, désiré, agréable » d'où au féminin *hṛdyâ*,
sorte de plante médicinale, de la racine *hṛd,* « Cœur ».
Dans cette hypothèse, toutefois, on aurait dû s'attendre
plutôt à une forme Latine *Cordeum.* Mieux vaut donc
admettre comme le font aujourd'hui la plupart des
étymologistes, la parenté de *Hordeum* et de *Gerste* dont
la racine se retrouverait dans le sanskrit *Ghrs* ; « Être
raide, hérissé ». Cf. le Latin *horrere* pour un primitif
Horsere. Cette épithète de « hérissé, épineux » ne con-
vient-elle pas en effet d'une façon toute particulière à
l'orge ?

En tout cas, il est plus que douteux qu'aucun des
mots que nous venons d'étudier ait rien à faire avec le
Grec Κριθή, « Orge » et (dial. *Homérique*) Κρῖ où Pictet
pense retrouver la racine sanskrite *Çri*, « Richesse,
bonheur, beauté » appliquée comme épithète, ajoute cet
auteur à divers végétaux, tels que le *Pinus longifolia* et
le clou de girofle. Laissons-lui toute la responsabilité
d'une pareille étymologie.

GARICHA ; « Verrue » en dialecte Biscayen, litt. « Petit
grain », ce qui ressemble à un grain. Voy. le précédent
et pour la finale *tch,* cf. *Akhetcha,* « Verrat ».

GARICHU, A ; Synonyme du précédent, de *Gari* et de *Chu,*
suffixe dont *ch* ne semble être qu'une contraction.

GARIELA ; « Mois de juillet », litt. « Lune du blé, moment
où on le fauche ». Cf. *Gari* et *ela* pour *Ila* ou *hila,*
« Lune, mois ».

GARILLA ; Synonyme et doublet du précédent ; cf.

Go, particule répondant à nos prépositions « A, pour » et

servant parfois à former le futur ; Ex. : *Izango dot ;*
« Je serai » de *Izan* ; « Été, qui a été » et *dot*, « Habeo »
Voy. *Ko.*

H

Habela ; « Fronde » ; Ex. *Davidek hil zuen Goliath habelaz
aurthiki zien harri batez ;* « David tua Goliath avec une
pierre lancée par une fronde ».

Le *k* initital n'est, sans doute, pas plus primitif ici
qu'il ne l'est p. ex. dans *Harma*, « Arme » — *Hagun*,
« Écume ». C'est ce que prouve clairement, ce semble,
la forme dialectale *Abela*, (même sens). Quant au *a*
suivant l'aspiration, ne serait-il pas lui-même euphonique, ainsi que dans *Athamenda*, « Demander » ?

L'on se trouverait donc réduit pour la forme radicale, à un monosyllabe *Bal, bel* que nous regarderions
volontiers comme d'origine Celtique. En effet, Pictet
nous cite le substantif Irlandais *Ball ;* « Arme » en
général, et aussi *Membre*, « Instrument ». Sans vouloir
révoquer en doute, le moins du monde, la traduction
du savant génevois, faisons observer que le dictionnaire
d'O'reilly aussi bien que M. Withley-Stokes ne connaissent *Ball*, (au pluriel *Baill*) que dans le sens de
« Membre ». Tout ce qu'on peut conclure de là, c'est
que si la signification d' « Arme » assignée à ce terme
est primitive, dès une époque relativement ancienne,
elle a dû tendre à se modifier.

Il est bien plus probable, en effet, que le *Ballos*,
Gaulois « Membre » d'après M. Withley-Stokes ne
constitue qu'un simple homophone du précédent,
comme synonyme d'arme. L'on conçoit d'ailleurs, assez
facilement, la transition du sens d'Arme » à celle

d' « instrument », puis, enfin, de « membre, organe. »

L'on a lieu de considérer comme apparenté au *Ballos* Gaulois, le Grec Φαλλός, φάλης, dont le sens primitif a, sans doute, été celui de « dard », aussi bien que le *bille*, « Pénis » de l'Allemand moderne (dial. Hessois). Rapprochons-en encore le Sanskrit *Bhalla, bhalli*, « Espèce de flèche », peut-être bien de la racine *Bhal, bhall*, « Ferire, occidere ».

Pictet voulait encore rattacher à la même racine, l'Anglo-Saxon, *bolt, bolta*, « Pilum » — Vieux Norrain *bolte*, « Telum » et *Bolti*, « Clavns ferreus » dont il faut visiblement rapprocher l'Allemand *bolz, bolzen*, « Trait, flèche » — Moyen-Haut-Allemand *bolz* — Vieux-Haut-Allemand, *Polz, bolz* (même sens) — Anglais *bolt* — Hollandais, *bout*, « Boulon, cheville de fer, éclanche » — Suédois, *Bult*, « Cheville, batte, boulon ». M. Kluge repousse, et avec toute raison, suivant nous, cette manière de voir. Il réclame pour tous ces termes une origine purement germanique. En effet, le Gallois *Bollt*, « Trait, pointe », le Polonais *belt*, « Javeline » ont, sans aucun doute, été empruntés soit à l'Anglais ou Anglo-Saxon, soit à l'Allemand. On pourrait, ajoute-t-il, supposer une forme prégermanique *bhldós*, au sens de « Trait, broche. » En tout cas, on ne saurait guères ramener celle-ci au Moyen-haut-Allemand, *Boln*, « Jeter, lancer, se servir de la fronde », ni y voir, comme l'ont voulu quelques-uns, une abréviation du Latin *Catapulta*.

Laissons de côté également, l'Allemand *Beil*, « Hache » qui, en Bavarois, se présente sous la forme *beichl*. Cf. Moyen-Haut-Allemand *bil, bihel* — Vieux-Haut-Allemand, *bihal, bial* — Vieux-Norrain *bilda, bylda*, « Hache ». Kluge regarde tous ces mots comme pouvant avoir une parenté avec le Latin *findo*, de la racine Indo-Européenne *Bhĭd*, « fendre ». L'Irlandais *Biáil*, « Hache » serait-il emprunté au Germanique ?

Inutile également, malgré une incontestable ressemblance au double point de vue de la phonétique et de la sémantique de vouloir établir la communauté d'origine du Sanskrit *Abhala*, du Basque *Eâbela* avec l'Allemand *Pfeil*, « Flèche » — Moyen et Vieux-Haut-Allemand *Pfĭl*. Anglo-Saxon *Pil* — Hollandais *Pijl* — Anglais *Pile*, « Tête d'une flèche » Vieux-Norrain, *Pîla*, « Flèche » — Suédois, *Pil*. Tous ces vocables proviennent incontestablement du Latin *Pilum*, *pila* qui avant de signifier « Javelot » avait d'abord possédé le sens de « Pilon » et, spécialement, de « Pilon de boulangerie ». Voilà pourquoi *Pilumnus* était le dieu protecteur des boulangers. Ce n'est, évidemment, que lorsque ce terme fut passé au sens d'arme de trait, de javelot, qu'on s'avisa de qualifier le peuple Romain de *Pilumnae poplac*, litt. « Peuple habitué à manier le javelot ».

L'on a supposé que l'emploi du *Pilum* comme arme de guerre a bien pu être emprunté par les enfants de Romulus aux Étrusques (1). En tout cas, *Pilum* est certainement pour un primitif *Pinslum*, de *Pinso*, « Piler », comme *Velum* d'un archaïque *Veslum* de la même racine *Ves*, « Habiller, vêtir » qui a donné *Vestis* (2).

Phénomène singulier, ce terme latin *Pilum* a fait tout à fait tomber en désuétude, l'ancien terme germanique

(1) M. O. S. Schrader, *Sprachvergleichung und Urgeschichte*, Kap. X, p. 331.

(2) Ne pas confondre *velum* « un voile » avec son homophone *velum* « voile de navire » qui a une origine toute différente et provient de la racine *vec*, « voiturer, transporter », d'où *veho*, *vexillum*, etc.

désignant la flèche et que nous retrouvons p. ex. dans le Gothique *Arhwazna* — Vieux-Norrain *Oer* — Anglo-Saxon *Earh, arewa*, peut-être à rapprocher du Latin *Arcus*.

Ne serait-ce pas encore le même substantif *Pilum* que nous retrouvons dans certains termes celtiques cités par Pictet, à savoir Gallois *Pilwrn*, « Javelot » et *Pilun*, « lance », peut-être même *Ffil*, « dard » ?

Nous ne savons trop à quoi rattacher d'autres noms Indo-Européens de la même arme, tels que le Sanskrit *Pilu*, « Flèche » — Persan, *Pilah, pîlak, bîlak*, « Espèce de flèche ». Pictet pense y retrouver la racine *Pèl, pal, pall*, « Ire » — Grec πάλλω, « lancer » et πάλος, « Jet » — Latin *Pello*. En tout cas, il a incontestablement tort d'en vouloir rapprocher le latin *Pilum*, auquel, nous venons de le voir, une toute autre provenance doit être assignée.

M. Whitley-Stokes sépare nettement d'ailleurs l'Irlandais *ball* au sens de « membre », de son homophone *ball* voulant dire « Tache, morceau, pièce », d'où *ballach* « articulatus ». Les termes en question, d'après lui, pourraient bien être apparentés aux formes Romanes *balla, balle*, « Balle » et *Ballo*, « Balle au jeu de paume ». Cf. Espagnol, Portugais et Vieux-Provençal *Bala*, « Balle » — Italien *Palla*, « Balle, boule » et *Balla*, « Ballot, boule ». Ce dernier pourrait bien être venu, en droite ligne, du Français. Au dire de M. Kluge, il pourrait bien en être de même pour l'Anglais *ball* et Moyen-Anglais *balle*, car la forme Anglo-Saxonne fait défaut.

Cela n'empêcherait pas, en tout cas, tous ces noms de la balle d'avoir une origine germanique, aussi bien que l'Irlandais *balla* — l'Écossais *ball* (même sens), cf. en effet, l'Allemand *Ball*, « Balle » et *Ballen*, « Ballot, rouleau », dont *Bolle* au sens de « Bol » — Moyen-Haut-Allemand *balle*.

Pour être complets, ajoutons avant de terminer que les substantifs dont nous venons de parler n'ont absolument rien à faire avec l'Espagnol et Portugais *bola*, « Boule » — dont l'Espagnol *bulla*, « Bulle » — Portugais, *Bulla* « Bulle pontificale » et *bulha*, « Bulle d'eau » ne constituent que des doublets. Tous ces termes, aussi bien que le Béarnais *Boure*, « boule » et *bolou*, « grosse boule au jeu de quilles » viennent du Latin *Bulla*, « Bulle » dont la racine se retrouve dans *bullire*, « Bouillir ».

Nous allons parler à l'instant de termes ethniques ou géographiques paraissant offrir la même racine que le Basque *Habela*.

Habeliar, ra ; « Frondeur » n'est que le précédent avec la finale qualificative *liar*, comme dans *Gorteliar*, « Courtisan », de *Gorte*, « Cour ».

De ce qui vient d'être dit plus haut, on peut, sans trop de crainte de se tromper, conclure que la forme archaïque devait être simplement *Beliar*. Ceci ne nous ferait-il pas songer à la dénomination des Iles Baléares ? Leurs habitants qui s'appelaient, eux aussi, du même nom, passèrent dans toute l'antiquité, pour les gens les plus habiles à se servir de la fronde. Rien d'étonnant, par suite, à ce qu'on se soit servi simplement pour les désigner, du terme de « frondeurs ». Serait-ce donc la première fois qu'une nation aurait tiré son nom de ses armes de prédilection ? N'avons-nous pas vu p. ex. à l'instant, le peuple Romain qualifié de *Pilumnus*, litt. « Habitué à manier le javelot ». De même, le terme *Aïno* dont les insulaires de l'île de Yésso se servent pour se désigner eux-mêmes, serait, dit on, l'équivalent d' « Archer », du substantif indigène *Aı* ou *aïgh*, « Areus ». Le Saxon n'était-il pas, dans toute la force du terme, « le guerrier qui combat avec le glaive », de *Sax* « Gladius » ? On sait d'autre part que les Algonquins et Chippeways ne connaissent guères les Blancs des États-Unis, ce qu'on appelle vulgairement les *Yankees*, que sous la dénomination de *Matchi Mokoman*, litt. « Grands Couteaux ». Il existe, dans le Nord de l'Amérique, une tribu indienne s'appelant eux-mêmes « Couteaux jaunes ». Enfin, nous ne rappellerons que pour mémoire, l'étymologie assez fantaisiste d'ailleurs proposée pour le nom des Sabins et Samnites. Quelques-uns ont voulu le dériver du Grec Σαύνη, « Épieu, échalan de vigne », sans doute, « les gens qui se servent du javelot, de l'épieu ». De même, le terme de « Pique » a été proposé comme origine de ceux de « Picard, Picardie », litt. « Pays des hommes habitués à manier la Pique », mais cela ne semble guères acceptable.

S'étonnera-t-on de voir ces insulaires affublés ainsi d'un nom d'origine Celtique ? Mais si l'on tient compte du grand nombre d'établissements formés par les Gaulois dans la péninsule Hispanique, la chose semblera facile à expliquer. Que savons-nous, en définitive, de l'ethnographie des îles Baléares ? Oserait-on affirmer que leurs habitants fussent de race Ibérique pure ! Ne formaient-ils pas un mélange d'Ibères et de Colons Gaulois ? D'ailleurs, en admettant même que le nom de *Baléares* ait constitué une sorte de sobriquet inventé par des étrangers, qu'est-ce qui empêcherait que le peuple de ces îles n'ait fini par l'adopter pour se désigner lui-même ? Ce ne serait pas, sans doute, la première fois qu'on aurait vu pareil phénomène se produire (1).

(1) *Bulletin des séances de la société philologique*, T. II, p. 67, (Paris 1898).

Handi, a ; « Grand ». Voy. *Andia.*

Handi, tu ; « Aggrandir, i », voy. le précédent.

Hanitz, « Beaucoup » n'est que le médiatif de *Handi* « Magnus », litt. « Per magnum », mais avec chûte du *d* médial.

Haran, a ; « Vallon » ne semblera pas, à coup sûr, devoir être dérivé de l'Hébreu הַר *Har*, « Montagne », si l'on se rappelle le Gallois *Aran*, « Montagne », cité par Pictet et dont le docte Génevois rapproche le Sanskrit *Araṇya*, « Fôret, endroit éloigné » et *Arana*, « Étranger, éloigné ».

Harri, a ; « Pierre, grêle, maladie de la pierre » ; Irlandais, *Carraic, Carraig, Carric,* « Pierre, rocher ». — Écossais, *Carraigh, Carragh* — Manx, *Carric* — Vieux-Gallois, *Carrec* — Gallois moderne, *Careg, Carreg, Carrek* (pluriel *Ceryg*) d'où l'Anglais *Crag*, « Roc, rocher, chignon du cou » — Vieux Breton, *Carrec*, « Sylva » — Bas-Breton, *Karrek*, « Écueil, rocher » ; pluriel, *Kerrek*. Tous ces termes sont ramenés par M. W. Stokes à un Gaulois hypothétique *Karsekki, Karseki,* peut-être dérivé lui-même d'un pré-Celtique *Karsegni.*

On peut se demander si tous ces mots ne seraient point, par hasard, apparentés au Vieux Gaulois *Karsâkos*, « Galeux, rogneux, d'où l'Irlandais *Carrach,* « Galeux, rogneux, farcineux » et *Carraige*, « Rogne, farcin ». Cf. le Vieux-Slavon *Srŭchŭkŭ*, « Rude, âpre » — Lithuanien, *Szurksztus*, même sens.

Ne convient-il pas d'en rapprocher également le Norwégien *herren*, « Raide, rude » et *harren*, « dur, impétueux, rude », ainsi que l'Allemand moderne *Hersch, harsh*, « dur, rude » ; Cf. Anglais, *Harsh*, « Apreté, âcreté, rudesse, sévérité, rigueur. » Ce terme, qui, du reste, comme le remarque M. Kluge, ne se rencontre ni dans l'Anglo-Saxon ni dans le Vieil-Allemand, constitue visiblement un dérivé et doublet de l'Allemand *Hart*, « dur, rude » — Moyen-Haut-Allemand *hërt* — Vieux Allemand *Hërti, harti*, — Anglo-Saxon *Heard* ; « dur, fort, brave » — Anglais, *hard*, « dur, fâcheux, triste, déplaisant », et *Hardly*, « difficilement, avec peine ». Rapprochez-en également le Gothique *Horredus*, « fort, force » et le Français « hardi », d'où à son tour, l'Anglais *hardy*, aussi bien que le Grec Κρατός, « Fort, puissant », καρτερός, κρατερός, « Solide, constant, ferme, violent » et κάρτα, « Beaucoup, fortement ».

La gutturale forte du Celtique sera naturellement tombée en Basque, comme elle l'a fait p. ex. dans *Hobi*, « Tombe, fosse » du Béarnais *Cobe, quêbe*, « Caverne, grotte ».

HARRI, TU ; « Pétrifier, é ; intimider, é », litt. « Rendre pierre » ; cf. le précédent.

HARRIGARRI, A ; « Épouvantable, terrible », litt. « qui rend comme une pierre » ; cf. le précédent. Pour la finale adjective *Garri*, voyez *Maithagarri* ; « Aimable » de *Maitha*, « Aimer ».

HEL, DU ; « Arriver, é ; Atteindre, atteint, le but » ; Ex. : *Zure eta enea Semeak elgyarrekin heldu dire Montebideotik ;* « Votre fils et le mien arrivent ensemble de Montevideo » — *Nere bi anaiak Helduko dire daugin bazko eguneko Parisera*, « Mes deux frères arriveront ensemble à Paris, pour le jour de Pâques ». L'origine Celtique du terme Basque ne semble pas douteuse ; Cf. Vieux Breton, *Iëla*, « Aller ». — Bas Breton *Me a-i-el* ; « Ibo » — Cornique, *Yllyf* ; « Eam » ; *Ellen*, « Abirem » ; *elwify*, « Iero » ; *delwyfé* ; « Veniam » — Irlandais, *Ailim, Eilim,*

« Aller, se mouvoir » ; *Adella* ; « Transit » ; *di-ella ;*
« deviat » ; *diall,* « deviatio » ; *do-m-ar-aill,* « Mihi venit » ;
do-da-aid-lea ; « Visitat eam » ; *Fo-n-ind-lea,* « ut evage-
tur » ; *Sechm-alla,* « Omittit » ; *Sechm-o-ella,* « deficit » ;
do-e-cm-ella ; « Colligit. »

Rapprochez de ces termes, l'Allemand *Eilen,* « se pres-
ser, se hâter, faire diligence » — Moyen et Vieux Haut
Allemand *ilen* — Anglo-Saxon et Vieux Frison *Ile,*
« Plante du pied » — Vieux Norrain *Il* et, au génitif,
iljar, idem. C'est encore le même radical que M. W. Stokes croit retrouver dans le Grec Ἀλάομαι, ἐλθεῖν et ἐλαώ,
« chasser, pousser », aussi bien, d'après Bugge que dans
le Grec Ἄγγελος. Le Latin, à son tour, nous l'offrirait dans
Amb-ulare, l'Ombrien dans *Amb-oltu.* On s'est demandé
enfin s'il ne conviendrait pas de le chercher encore dans
le Français « Aller » — Vieux Français *Aler.* Ajoutons
toutefois que la parenté difficilement contestable de ce
verbe de la langue d'oil avec le Vieux Provençal *Anar,*
« Aller » — Espagnol et Portugail *Andar* — Italien *An-
dare* détournerait d'adopter cette façon de voir. D'ailleurs,
la comparaison avec le verbe « Arriver » nous prédispo-
serait à tenir pour conforme à la réalité des faits, cette
vieille hypothèse en vertu de laquelle *Aler, anar* seraient
considérés comme tirés d'un composé *Ad-nare,* litt.
« Nager vers », tandis que dans « Arriver » se décou-
vrirait une vieille forme du Bas Latin, *Adripare,* id est
« Atteindre la rive ». On ne saurait méconnaître le pitto-
resque de la métaphore contenue dans ces deux expres-
sions.

En tout cas, ce radical verbal apparaîtra de nouveau
dans le nom d'un des animaux les plus agités et les plus
rapides à la course, à savoir le cerf ; voy. *Oreña.*

Il n'est guères douteux que le *l* du Bas Breton *Iēla* — Allemand *Eilen* ne constitue un indice de dérivation. La racine du verbe en question se réduirait donc réellement simplement en un *i*, qui se retrouve en Indo-Européen aussi bien qu'en Sanskrit. De là encore les formes du Latin *I-re* — Grec Ἰέναι — Vieux Slavon *Iti* — Lithuanien *Eiti*, « Aller ».

Ajoutons du reste que le verbe Basque n'a certainement rien à faire avec le Français « Héler » mot d'origine incontestablement germanique et même vraisemblablement Anglaise ou Anglo-Saxonne ; Cf. Anglais, *To Hail* ; « Héler, saluer, s'informer de la santé de ... ou comme l'on dit parfois en Patois Normand, « s'informer du portement », et *Health*, « Santé, vigueur, force » — Anglo-Saxon *Hael*, même sens et *Hâl*, « Fort, vigoureux », d'où l'Anglais *whote*, « Entier, intact, complet » — Allemand, Vieux et Moyen Haut Allemand, *Heil ;* « Sain, entier, prospère, santé, bonne chance, force » — Vieux Norrain *Heill*, « Sain, en bon état » — Gothique, *Hails*, même sens.

M. Kluge fait observer qu'à une époque ancienne, *Heil* et ses correspondants s'employaient comme formule de salut. Le Gothique *Hails* était, au besoin, l'équivalent du Grec Χαῖρε. Ces termes germaniques se retrouvent d'ailleurs dans le Vieux Slavon, *cêlü* « Entier, complet » — Pruczi, *Kailûstikun*, « Intégrité, santé », de *Kailustas*, « Sanus » et, sans doute aussi l'Irlandais, *Cél*, « Augure », qui rappelle si étroitement pour le sens l'Anglo-Saxon *Hâelsian*, « Augurari » — Vieux Haut Allemand, *heilisôn*, même sens. M. Kluge ne croit pas d'ailleurs à une parenté de ces termes dont la racine primitive devait être *kai* avec le Sanskrit *Kalya-s*, « Sain », *Kalyânas*, « Beau » — Grec Καλός, κάλλος.

Ajoutons enfin que la ressemblance de *Hel* Basque avec le Magyar *Ir*, « Aller » — Turk-Osmanli, *Irmeq* — Mongol *Irékou* doit être tenue pour purement fortuite.

Salaberry se demande si l'interjection Basque *Hela* qui s'emploie dans les mêmes cas que le Français « Holà » ne viendrait pas, elle aussi, de notre verbe « Hêler ». Cela ne nous parait pas du tout certain, et l'on peut se demander si la particule Basque n'est pas tout bonnement prise au Français « héla » ou « hélas ».

Helbide, a, s'emploie dans des sens un peu différents, bien que dérivant néanmoins les uns des autres. Tantôt, nous fait observer Salaberry, le terme Basque signifiera « ce que l'on peut atteindre » de façon très diverse, soit p. ex. avec la main, soit avec le pied, soit même avec une pierre que l'on lance ou même avec le regard. Ex. : *Zure helbidean harzazu bethi zure chedea*, « Prenez toujours votre but à votre portée ». — *Bichtaren helbidean etchebat Khausitugabe igaraiten duzu hamar lekua bide Tokibetan* ; « Vous parcourez dix lieues sans rencontrer une maison à portée de la vue ».

Tantôt ce terme deviendra synonyme de *Helmen* (Voy. plus loin) et signifiera la distance que l'on peut franchir en un temps donné ; Ex. : *Gaur Bayonan etzaten ahal gira, yadanik helbidean gira* ; « Nous pouvons coucher ce soir à Bayonne, déjà nous sommes à la portée », id est « à la distance voulue ».

En tout cas, *Helbide* constitue un terme composé signifiant litt. « Chemin d'arrivée » ou « Pour arriver ». Les deux éléments qui le constituent sont l'un et l'autre de provenance Celtique ; Voy. *Bide.*

Helmen, a ; « Portée, distance qui sépare du but à atteindre » ; synonyme de *Helbide* ; est formé de la racine

Hel déjà vue et de *men* final et qui possède elle-même, le sens de « portée, distance » ; Cf. *Harmen ;* « Prise, portée » de *Har,* « Prendre ». Ex. : *Acheriak Khausitu Zien Mahaxa harmenetik Gorago ;* « Le renard trouva le raisin au-dessus de sa portée ». On trouve la même suffixe avec une légère variation de sens dans d'autres substantifs ; Ex. : *Ahamen,* « Bouche », litt. « Prise de la bouche », de *Aho,* « Bucca » — *Dolamen,* « Grand regret, repentir, douleur vive », de *Dolu,* « Deuil, repentir, regret ». — *Ingurumen,* « Alentour » de *Inguru,* « Cercle, conférence ». Serait-ce la finale *men* du Latin, p. ex. dans *Agmen, fulmen, semen, lumen ?* Cela nous semble peu probable.

I

Idi, a ; « Bœuf ». Visiblement d'origine Celtique ; cf. le Gallois *Eidionn,* « Jeune taureau, taurillon », d'un primitif *Oidionn* — Bas Breton *Éjenn,* « Bœuf » — Irlandais, *Aideach, aoideach,* « Vache laitière » et *Aodh,* « Mouton ». Ce mot, avec un sens plus ou moins précis, devait se retrouver dans l'Indo-Européen primitif, comme le prouve le Sanskrit *Éḍa, êḍaka, iḍikka,* sorte de mouton ou de chèvre sauvage et *Iḍâ* « Vache nourricière » — Grec Ἄττηγος, bouc, d'après Arnobe, du Phrygien *Atagus.* On ne saurait même guères douter qu'il n'ait passé dans certains idiômes de souche étrangère ; cf. Suomi *Itikka,* « Chèvres, moutons, menu bétail en général ».

Tous ces termes sont ramenés par Pictet à la racine Sanskrite *iḍ, iḍa,* « libation fortifiante offerte aux dieux, vivification, force vitale » que nous retrouvons p. ex. dans *Aiḍa* « fortifiant, vivifiant » ; *Iḍavant,* « fortifié, restauré » aussi bien que dans le Gallois *Aid,* « Vie, principe vital » ;

eidiaw, « vivifier » ; *eidiawg*, *eidiawl*, « vigoureux, animé » ; *Eidiogi*, « donner de la force, remplir de vigueur ».

Le mot en passant en Basque, aurait perdu la première voyelle de sa diphthongue initiale et *Idi* a tout l'air, effectivement, d'être pour une forme plus ancienne *Oidi* ou *Aidi*. C'est ainsi que l'on rencontre p. ex. les formes *Uskara*, « Basque » pour *Euskara* ; *Uski* ou *Euski*, « derrière, le ».

Dans bon nombre d'autres idiômes d'ailleurs et n'appartenant pas tous à la famille Indo-Européenne, le même terme semble reparaître, mais avec suppression de la ou des voyelles initiales ; Ex. : Anglo-Saxon *Ticcen* ; « Chevrette » et, par adoucissement normal de la dentale en sifflante, Allemand *Ziege*, *Zicke* « Chèvre » — Moyen Haut Allemand *Zige* — Vieux Haut Allemand, *Ziga*, regardés par M. Kluge, comme d'origine Franke et *Zicchi*, *Zickin*, « Chevrette ». Rapprochons-en l'Arménien *Dig*, « Bouc », le Persan *Takal*, « mouton » et *Tekah*, « Bouc ». Si nous passons à d'autres souches linguistiques, nous pourrons citer le Géorgien *Thiki*, « Bouc » — Abkache, *Tig*, « Bélier » — Aware *Tuchi* — Andi *Tuka* — Dido et Ounso, *Zéki*, « Bouc » — Kazikumuk, *Tki*, « Agneau » et *Zuka*, « Chèvre » — Turk-Osmanli, *Tekié*, « Bouc » — Turk de Kazan, *Täkä* — Kirghize *Töke* — Bachkir, *Takka*, « mouto. » — Mandjour *Tocho*, « Élan » — Tongouse, *Toko*, idem — Samoyède-Kamassine, *Tägo*, « Renne ». Pictet se demande si ces formes à dentale ou sifflante initiale ne se rattacheraient pas à une autre racine que *Idikka*, *edaka*, à savoir à la racine de mouvement du Sanskrit, *Tak*, *tik*, « Ire, se movere ». Cf. Persan *Takidan*, « Courir çà et là »; *Tak*, « Rapide » et *Tik*, « Cheval ». Rapprochez-en le Grec Τήχω, « Couler » — Lithuanien, *Teketi*, « Couler, courrir » — Vieux Slavon, *Teshci*, idem.

Toutefois l'opinion qui paraît se présenter le plus naturellement à l'esprit, c'est que tous ces noms du bouc, de la chèvre et du mouton qui se ressemblent tellement au point de vue phonétique ne peuvent guères manquer de dériver d'une seule et même racine. Jusqu'à nouvel ordre, admettons que c'est celle que nous rencontrons dans le Sanskrit *Aida, iḍavant* ; le Gallois *Aid*, etc. (1)

Ajoutons que sur ce point là encore, les dialectes sémitiques offrent avec ceux du groupe Indo-Européen, une de ces ressemblances qu'on ne sait trop, à priori, comment expliquer. Cf. Arabe *Daykas*, « Moutons », au sin-

(1) Un point qui mérite sans doute d'être signalé ici, c'est la ressemblance des termes que nous étudions ici avec leurs correspondants plus ou moins parfaits dans certains dialectes du Nouveau-Monde Cela nous sembl: frappant surtout pour plusieurs noms d'animaux et nous y verrions un argument en faveur de l'hypothèse de relations ayant existé à une épc que indéterminée entre les populations des deux continents. Ne convient-il pas p. ex. de rapprocher l'Algonkin *Atik*, « Renne » et le Sanskrit *Iḍikka*, « Chèvre sauvage » ou le Grec 'Αττηγος, « Bouc », *Ate* en Samoyède Ostyak (dial. du Narym et Karassine), « renne », (dial. Ketsche), *Ati* ; (dial. de l'Ob) *Até* ?

Comparez encore le *Ta*, « Ruminant, gros quadrupède » du Dakotah ou Sioux, d'où *Ta tanka*, « Bison », litt. « grand ruminant » avec le *Tâ*, « Renne » du Samoyède-Tawgy ; *Tia* du Samoyède Jénisséien ; *Thô* du Karassine (même sens).

Le *Wagosch* ou renard du Cri n'est pas sans rappeler un peu le *Wôkai*, (même sens) de l'Ostyake-surgute.

Nous ne mentionnerons ici que par mémoire l'affinité du *Yuc*, « Chèvre » Yucatèque avec le *Yukf*, « Cerf » de l'Aïno de Yósso, celle du *Mazatl*, « Chevreuil » en Mexicain ; avec le *Maza*, « Chèvre » de l'Arabe.

Ne serait-il pas permis de chercher dans le *Cicib* (prononcez *Chichib*) de l'Algonkin, un redoublement du *Chipâ* (même sens) du Samoyède Ostyak, (dial. du Narym) ; *Sibâ* du Karassine ?

Ce n'est peut-être pas par suite d'un pur hasard que le Quiché du Guatémala *Kar*, « Poisson » rappelle si étroitement le Samoyède-Jénisséien (dial. Chantique), *Kare* ou *Kahre*, « Poisson ».

Peut-être jugera-t-on plusieurs de ces rapprochements réellement significatifs puisqu'en définitive, ils ne portent que sur une catégorie de mots assez restreinte.

gulier, *Dakikat* — Chaldéen, *dakar*, « Bélier » — Hébreu, *Zâkâr* — Arabe, *Dakar*, « mâle » en général.

D'autre part, M. Kluge semblerait assez disposé à voir dans l'Allemand *Giess*, « Chèvre » — Suédois *Get* — Hollandais, *Geit*, « Chèvre » — Anglais, *Goat*, autant de métathèses de *Ziege*, *Zige*, *Ziga*.

Cette façon de voir peut se soutenir sans doute, mais nous n'oserions la donner comme absolument incontestable.

L'on a vu plus haut, du reste, que ce terme *Idi* devait déjà exister en Vieil Ibérien, mais sous la forme *Idu* ; Cf. ce qui a été dit à *Bide*.

IDIKI, A ; « Morceau de bœuf ». C'est, en quelque sorte, l'équivalent du *Beef* Anglais, par opposition à *Ox*, lequel désigne l'animal sur pied. Il est formé de *Idi* déjà vu et de la finale partitive *ki*.

IDIZKO, A ; « Veau », sans doute litt. « ce qui est destiné à devenir bœuf », de *Idi*, « Bos » ; *ko*, signe de futur ; Voy. plus loin *z*, euphonique comme dans *Buruzkin*, « Entêté » lequel est formé lui-même de *Buru*, « Caput » et de la particule comitative *kin*.

ITHANDI, A ; Sorte de mesure agraire se rapprochant assez de l'arpent, puisqu'elle contient 27 ares 37 centiares et en vigueur spécialement à Baïgorry et à St Jean Pied de Port. Ce nom signifie litt. « Magnum *satis* ad bovem » ; Cf. *Andi* et *Idi*. C'est à peu près, en effet, ce qu'un bœuf peut labourer dans une journée. On voit ici comme pour *Helbide* que les deux éléments constituants du substantif Basque sont l'un et l'autre empruntés au Gaulois.

ITHEGUN, A ; Synonyme du précédent, litt. « Journée de Bœuf » ; Cf. *Idi*, « Bos » et *Egun*, « Dies ».

ITHOHOIN, A ; « Constellation de la Grande Ourse », ne

saurait évidemment signifier, comme nous l'avions cru
tout d'abord « Pied mouillé, pied noyé » de *Itho*, « Noyer,
se noyer » et *Oin*, « pes ». On ne saurait guères, en effet,
indiquer le motif d'une telle dénomination.

Au contraire, la légende nous rend parfaitement compte
de l'étymologie de ce composé, lequel signifie litt. « Voleur
de bœufs » ; Cf. *Idi*, mais avec transformation du *d* primitif en *th*, comme dans *Ithegun*, *ithandi* et *Ohoin*, « fur ».
Ce n'est autre chose que celle du Petit Poucet, telle qu'on
la raconte dans le pays Basque. La voici :

« Un laboureur auquel des voleurs avaient enlevé une
paire de bœufs envoie un garçon de ferme à la recherche
de ces animaux. Le jeune homme tardant à revenir, une
servante, accompagnée d'un petit chien, est expédiée à sa
place. Mais ces nouveaux messagers ne se montrent pas
plus exacts à retourner à la maison. Le volé se décide à
continuer l'enquête en personne, mais ne parvient à rien
découvrir. Dans son exaspération, il se met à tempêter et
à jurer si fort que le Bon Dieu se décide à loger dans la
Constellation de la Grande Ourse, toute la compagnie. La
punition de cette dernière rappelle un peu celle du Juif-
errant, puisqu'elle devra parcourir les solitudes célestes
jusqu'à la fin du monde. Les bœufs se trouvent placés
dans les deux premières étoiles du groupe stellaire. Quant
aux voleurs, les deux suivantes leur servent de demeure.
La servante loge dans la seconde étoile isolée. Elle a près
d'elle son chien auquel un tout petit astre sert de niche.
Enfin, le laboureur vient après tous les autres, dans la
septième étoile. On ne nous dit pas ce qu'est devenu le
garçon envoyé en premier lieu. Peut-être n'a-t-il pas été
admis dans la Constellation » (1).

(1) M. J. Vinson, *Le petit poucet et la grande ourse ;* p. 241 et suivan-

Itzain, a ; « Bouvier », litt. « Boum Custos » ; cf. *Idi* et *Zain*, « Gardien ».

Itzaingo, a ; « Métier de Bouvier », Cf. le précédent et *go* final pour *ko*, avec adoucissement de la gutturale forte après *n* et d'ailleurs employé ici comme causatif. Cf. *Burukoa*, « Bonnet », litt. « Quod pro capite », de *buru*, « Caput ». On remarquera que dans les deux exemples cités ici, l'emploi de l'article semble essentiel pour en préciser le sens du dérivé. *Buruko* ; *Itzaingo* signifierait simplement « Pour la Tête, pour le Bouvier ».

K

Ko, a ; « pour, en faveur de » ; Ex. *Gizonarentako*, « En faveur de l'homme, pour l'homme ». — *Neretako*, « Pour moi » répond parfois à un simple génitif comme dans *Apeleko gortea*, « Cour d'appel » ; *Etcheko yauna*, « Maître de maison » ; cf. *Etche*, « domus » et *Yauna*, « dominus ». — *Inchauspeko alaba dendari*, « Couturière du bourg d'Inchavspe » — *Nafarroako erregea*, « Roi de Navarre », litt. « Roi pour la Navarre ». Cette finale, d'ailleurs, précédant un article, peut servir à former des substantifs ; Voy. *Hartzekoa*, « Créance », de *Hartze*, « Prise, action de prendre », de *Har*, « Capere ». Voy. d'ailleurs ce qui a été dit à ce sujet à propos de *Itzaingoa*.

On l'emploie aussi, bien qu'assez rarement, comme marque adverbiale, ex. : *Asko*, « Assez », litt. « Pro saturatione », visiblement pour *Aseko*, de *Ase*, « Nourriture,

tes du T. VII de la *Revue de linguistique et de philologie comparée* ; (Paris, 1875.) Pour les versions de la même légende en vigueur dans diverses régions de l'Europe, voy. M. G. Paris, *Le petit poucet et la grande ourse* ; (Paris 1875.)

rassasiement » ; *Oraiko*, « Juste en ce moment », de *Orai*, « Actuellement, présentement ».

Parfois, elle joue un rôle péjoratif ou despectif, comme dans *Muthilko*, *Mithilko*, « petit garçon, enfant mâle », ce que nous appelons en Français « un moutard » de *Muthila*, « Puer, juvenis, famulus » — *Ohako*, « Grabat », de *Ohe*, « Lit ».

C'est cette même désinence, transformée en *Go*, qui sert souvent à former des futurs ; Ex. : *Izan*, « Été, ayant été » et *Izango naiz*, « Je serai », de *Naiz*, « Sum » ; litt. « Sum ad esse ». Il semble assez naturel, du reste, qu'on ait employé le signe du prolatif pour marquer le temps en question.

Reconnaissons dans le *ko* ou *go* Basque, la même particule du Celtique équivalant à notre préposition « Pour ». Ainsi, la locution irlandaise *Erin go braigh*, « Ireland for ever ».

La finale *Koz* qui correspond à notre conjonction « Parce que », Ex. : *Nizala*, « Que je suis » et *Nizalakoz*, « Parce que je suis » — *Deretzu*, « Vous les leur avez » et *Deretzulakoz*, « Parce que vous les leur avez » est sans doute formé de la syllabe prolative *ko* et du signe du médiatif *z*. Notre première pensée que cette particule *koz* pouvait bien être empruntée au Proto-Celtique *qos*, « Ad, usque » Cf. Irlandais *Cu* p. ex. dans les formes *Cucele*, *cucci*, *cuccu* — Gallois *bw*, dans *bwy gilydd* ainsi que le Vieux Slavon *Kü*, « A, vers » nous semble devoir être abandonnée. Ç'aurait été le seul exemple à nous connu d'un terme Celte pris par le Basque à un dialecte du groupe dit Gaëlic et par suite plus anciennement parlé dans nos régions, que le Gaulois, lequel était incontestablement du rameau dit *Kimrique*.

Inutile d'ajouter qu'aucun lien de parenté ne saurait être reconnu entre ce *go* signe du futur en Basque et la syllabe *ka*, *ga* ou *go* qui marque le même temps dans certains dialectes Canadiens ; Ex. : Chippeway *Ninondôm*, « J'entends » et *Nin ga nondôm* ou *Ningo nondôm*, « J'entendrai ».

Larru, a ; « Peau, cuir », d'un vieux thème Gaulois *Lêtrŏ*, « Cuir », d'où Irlandais *Lethar*, (même sens) — Gallois *LLedr* — Breton *Lezr, lêr*. La forme Préceltique, comme le fait observer M. Holder, devait être *Pĕlĕtro* ou *Plĕtro*, ce qui nous permet d'établir un rapprochement avec le Latin *Pellis*, « Peau » — Allemand *Fell* — Moyen-haut-Allemand, *Vël* — Vieux-haut-Allemand *Fel* — Vieux Norrain, *Fjall*, « Peau, cuir » — Hollandais *Vel*, « peau » Anglo-Saxon *Fëll* — Anglais *Fell* — Gothique *Fill*, p. ex. dans Φrûts-*bill*, « Lèpre » et *Faura-filli*, « Préputium ». — Grec πέλλα « Peau, cuir », d'où Ἄπελλος, « Plaie encroutée », litt. « Sine pelle » ; Ἐρυζιπέλας, « Inflammation de la Peau », Eresypèle, feu de Saint Antoine » ; Επίπλους, « épiploon », pour ἐπίπλοϜος — Lithuanien, *Plévé*, « Peau, épiploon » etc.

Les formes germaniques telles que Allemand, *Leder*, « Cuir » — Moyen-haut-Allemand, *Lëder* — Vieux-haut-Allemand, *Lëdar* — Anglo-Saxon, *Lëther* — Anglais, *Leather* — Vieux-Norrain, *Lethr* — Suédois, *Läder* — Hollandais, *Leer* sont incontestablement d'origine Celtique, comme le démontre clairement la chûte de la labiale initiale.

Le Basque a transformé ici la dentale médiale en *r*, par assimilation avec le *r* qui suit, comme il l'a fait p. ex. dans *Harrapa*, du Français « Attraper ».

Ajoutons qu'aucune parenté ne saurait être reconnue

entre le substantif *Larru* et le Latin *Lorum*, « Courroie »,
d'où *Lorica*, « Cuirasse ».

LARRU, TU ; « Écorcher, é », litt. « *Facere* pellem ». Cf.
le préc.

LUPE ; « Fosse, tombe », pour *Lurpe*. Voy. plus loin.

LUR, RA ; « Terre, sol » ; incontestablement d'origine
gauloise ; cf. Irlandais *Lár*, « Sol, plancher » — Ecossais, *Lair*, idem — Gallois *Llawr*, « Sol, plancher, aire »
— Vieux Cornique, *Lor*, « Pavé, sol » — Moyen-Corni-
que, *Ler*, *lear*, (même sens) — Vieux-Bas-Breton, *Laur*,
« Sol », p. ex. dans le composé *Rac-laur*, « Proscaenium »
— Bas-Breton, *Leur*, « Aire, surface unie, tablier d'un
pont », d'où *Leuren* ou *Douar-leuren*, « Sous-sol » et *Leur-
ger*, « Place d'un village, place publique ». Il n'est pas
du tout certain que *Leur* au sens de « Cercueil, bière »
soit au point de vue étymologique, le même mot. Nous
doutons de la parenté des termes Basque et Celtiques, avec
le Suédois *Ler*, *lera*, « Argile, glaise », bien qu'il y ait
presque identité et pour la forme et pour le sens.

Par exemple, ce qui est indéniable, c'est leur affinité
avec certains termes germaniques ; cf. Allemand *Flur*,
« aire » — Moyen-haut-Allemand, *Vluer*, « Champ ense-
mencé, sol, plafond » — Hollandais *Vloer*, « Seuil, vestibule, aire » — Anglo-Saxon *Flôr*, « Aire, seuil, étage »
— Anglais, *Floor*, « Vestibule, aire, parvis » — Vieux
Norrain, *Flór* ; « Pavé, seuil d'un étable ».

La présence dans ces derniers termes d'une labiale initiale certainement primitive, prouve bien qu'il ne saurait
être question ici d'un emprunt fait par le Germanique au
Gaulois. Peut-être est-ce bien l'inverse qu'il faudrait admettre et nous aurions l'exemple, assez rare d'ailleurs,
d'un vocable pris par les Celtes à leurs voisins de l'est.

Tous ces mots d'ailleurs dérivent incontestablement d'une racine Indo-Européenne *Plâ* « Large, élargir » jointe à une suffixe *ro*. Le même radical a donné encore

1° avec adjonction du *t*, Lithuanien *Plóti*, « Aplatir » — Letton, *Plât*, « Étendre sur » — Grec Πλάτυς, « Large » et avec chûte normale du *p* initial primitif ; Irlandais, *Láthar*, « Exposition, disposition », *Lathair*, « Extension » ; *Látrach*, « Situation, assiette ». Par exemple, il faudra laisser de côté le Latin *Latus*, « Large, étendu », sans doute d'un primitif *Stlatus*.

2° Avec le suffixe *no*.

Latin, *Planus* — Lithuanien, *Plonás*, « mince, menu, délié, fin » — Letton, *Plans*, « Aire » — Pruczi, *Plonis*, (même sens) — Vieux-Gaulois *(P)lânon*, « Plaine », d'où *Mediolanum* ou « Milan «, litt. » Plaine du milieu, plaine centrale ». Voy. Irlandais, *Mide*, « Medium » — Latin, *Medius* — Allemand, *Mitte* — Sanskrit, *Mádhya*.

3° Avec une gutturale finale.

Allemand, *Flach*, « Applati » — Moyen-haut-Allemand, *Vlach* — Vieux-haut-Allemand, *Flah* — Hollandais, *Vlak* « plaine » — Grec, Πλάξ, « objet plat » et πλακοῦς, « gâteau », sans doute à cause de la forme applatie qu'on leur donnait — Latin, *placenta* (même sens).

Le fait que les langues Germaniques et Celtiques qui donnent à cette racine *Plâ*, une désinence en *r* confirme bien l'opinion d'un emprunt fait par ces dernières aux précédentes. On ne s'étonnera pas non plus que le Basque ait passé du sens de « Sol, aire » à celui de « Terre » en général.

Le *r* se sera doublé ici comme il l'a fait p. ex. dans *Izarra*, « Etoile ». Voy. plus loin et *Arrano*, « Aigle », du Vieux Norrain *Oru*, même sens.

Lurberatu, a ; « Terre labourable », litt. « Terre amol-lie, rendue meuble », de *Lur*, déjà vu ; *bera*, « mou » et *Tu* finale habituelle du participe passé.

Lurka, tu ; « Terrer, é », de *Lur* et de la finale allative-instrumentale *ka*, litt. « *Facere per terram* ».

Lurmin, a ; « Terrain nouvellement dégagé de la neige qui le couvrait et où les bergers peuvent désormais faire paître leurs troupeaux », litt. « Terre moisie, moississure de la Terre », de *Lur* et *min*, « Moisir, moisi ». En effet, la terre, lorsque la neige qui la couvrait, se trouve fondue, est humectée, au moins à la surface.

Lurmin, a ; « Epilepsie », litt. « Mal de terre, qui fait qu'on se roule à terre », de *Lur* et *min* pris au sens de « Mal, maladie ».

Lurpe, a ; « Fosse, tombeau » ; Ex. *Hil lupera ; biziak, astera*, « Le mort à la fosse, les vivants à la saoulée », litt. « *Sub terrâ* », de *Lur* et de *pe* ou *be*, « Sous, dessous » ; Voy. *Lupe*.

Lurpe, tu ; « Enterrer, é » ; Voy. le précédent.

Lursagar, ra ; « Pomme de terre ». Le Basque constitue la traduction exacte du Français ; cf. *Sagar, ra*, « Pomme ».

Lurtupin, a ; « Pot de terre », en Guipuscoan et en Labourdin. Voy. *Lur*, « Terre » et *Duphina*, « Pot au feu ».

M

Mozkor, ra ; « Ivrogne » nous avait tout d'abord fait l'effet d'être une sorte de terme hybride, tout à la fois, et de sobriquet, signifiant litt. « Qui aime le moût » ; Cf. Latin *Mustum*, « moût » — Espagnol, Portugais et Italien, *Mosto* — Béarnais, *Moust*, auxquels, sans doute, ont été empruntés l'Allemand, Moyen et Vieux-haut-Allemand aussi bien que Hollandais *Most*, tout comme le Vieux Slavon *Mustu* — Russe *Mstó* — Polonais *Moszcz*, *muszez* - Illyrien *Mas* — Schypétar ou Albanais, *Musht*.

Ajoutons, par parenthèse, que tous ces mots, au dire de plusieurs philologues, seraient dérivés du Latin *Mustus*, « Jeune, frais, nouveau ».

A cet élément radical s'ajoute la finale adjective *Kor*, laquelle marque la tendance, la disposition. Ex. : *Sinhetskor* ou *Sinexkor*, « Crédule », de *Sinhex*, « Trouver bon, penser que » — *Handikor*, « Sujet à grandir », de *Handi*, « Magnus ».

Toutefois, il faut bien reconnaître que ce qu'aime l'ivrogne, c'est bien moins le moût que le vin vieux. Aussi, avons-nous songé à nous tourner pour l'explication du mot Basque vers le Sémitique. Il existe bien tant en Hébreu qu'en Arabe, une racine *Sakara*, « Enivrer, s'enivrer », malheureusement, le participe régulier *Moskor* ne se trouve point, nous ont affirmé plusieurs doctes sémitisants, en usage, et ce serait de la dite forme participielle seule qu'aurait pu dériver le mot Basque.

En fin de compte, nous pensons que c'est encore du côté du Celtique qu'il convient de se tourner. Cf. Irlandais, *Mesc*, « Enivrant, ivre » et *Mescc*, « Ivresse » — Ecossais, *Misgeor*, « Ivre » — Gallois, *Meddu*, « Ivre » et *Meddwod*, « Ebrieté » — Bas-Breton, *Mezo*, *mezv*, « Ivre » et *Mezvier*, « Ivrogne ». Tout ceci suppose à côté du Gaulois *Medvos*, « Ebrius », d'autres formes encore telles que *Moskos*, « Enivrant, ivre » ; *Meskjâ*, « Ivresse, ivrognerie, ébrieté ». Ajoutons que ces mots sont visiblement apparentés au Grec Μέθυ, « Vin », μεθίσκω « J'enivre » et μέθη, « Ivresse » — Irlandais, *Mid*, « Hydromel » — Gallois,

Medd, « même sens » — Vieux Cornique, *Med*, « Bière, boisson fermentée » — Bas-Breton, *Mez*, « hydromel » — Allemand, *Met* — Moyen-haut-Allemand, *Mét*, *mëte* — Vieux-haut-Allemand, *Mëtu* — Anglo-Saxon *Meodo* — Anglais, *Mead* — Vieux-Norrain, *Mjodr* — Suédois, *Mjöd* — Vieux-Slavon, *Medŭ*, « Miel, vin » — Polonais, *Mid* et *Miod-pity*, « Hydromel », litt. « Boisson de miel » — Lithuanien, *Midùs*, « même sens » et *Medùs*, « Miel » — Zend, *Madhu*, « Boisson douce, haôma » — Sanskrit, *Mádha*, « Douceur, boisson douce, hydromel » et, plus tard, « Miel ».

Tous ces mots paraissent provenir d'une racine Indo-Européenne *Mad*, « se réjouir », d'où encore le Sanskrit *Máda*, « Ivresse ».

L'Espagnol *Moscorra*, « Jeune prostituée » semble incontestablement emprunté au Basque *Mozkor*. Par une sorte d'euphémisme, le peuple Castillan aura traité d'ivrognesse, de personne adonnée à la boisson, la femme de mauvaise vie.

N

Nahas ; « Ensemble » pour un primitif *Nas*, de même que *Ahal* pour *Al* et *Ahari*, « Mouton », pour *Aari* ou *Ahari*, du latin « Aries ». Cf. Irlandais *Nessa*, « Propior » et *Nessam*, « Proximus » — Ecossais *Nas*, *nais*, « Assembler, rapprocher » — Gallois, *Nes*, *nês*, « Près, proche » ; *Nesach*, *nesaf*, *nessaf*, *nesefin*, « Plus proche » et *Nesan*, « Approcher » — Cornique, *Nes*, *nessa*, *neshevin*, « Proche, tout près, second » et *Nesse*, *neste*, « Approcher » — Bas-Breton, *Nes*, *nez*, « Proche », d'où le comparatif *Nesac'h* et le superlatif *Nesa*, aussi bien que le substantif *Neza*,

« Autrui, prochain » ; *Nezant*, « Contracter alliance, devenir proche » ; *Nesanded, nesandet*, « Alliance, parenté, généalogie » ; *Nesant* (archaïque), alliance ; *Nested*, « Parenté de famille ».

Tout cela nous ramène d'ailleurs à des formes gauloises, telles que *Nedsôs*, « Proche » ; *Nedsamos, nessamos*, « Très proche, le plus proche ». Elles se retrouvent d'ailleurs dans l'Ombrien *Nesimei*, « Proximè » — Osque, *Nesimum*, « Proximum ». Cf. Sanskrit, *Náhus*, « Voisin » et *Náhuṣa*, « Voisinage ».

Ces termes n'ont, d'ailleurs, sans doute, rien à faire avec le Gaulois *Nashô*, « Je lie », pour un primitif *Nadhsko*, d'où l'Irlandais *Ro-nenasc*, « Je liai, j'attachai » ; *Fonascar*, « Il est lié, attaché » — Bas-Breton, *Naska*, « lier » ; *Di-naska*, « Délier » ; *Pen-naska*, « Lier la tête », de *Penn*, « Caput ». Cf. Sanskrit, *Náhyati*, « Lier, aggrafer, attacher ».

NAHAS, 1 ; « Mêler, é ; se mêler », litt. « *Facere* simul » ; Cf. le préc.

NAHASI, A ; « Tracassier, qui cherche à monter les gens, les uns contre les autres », litt. « Cherchant à mêler ». Cf. *Nahas*.

NAHASKERI, A ; « Brouille, tracasserie ». Cf. *Nahas* et *Keri*, suffixe substantive.

NAHASTEKA, TU ; « Mêler, é ; mélanger, é », de *Nahas*, déjà vu, *te* suffixe de généralisation et *ka* finale ablative-instrumentale, litt. « *Facere* per mixtionem ».

NAHASTEKA ; « En mélange ». Voy. le précédent.

NAS, « Ensemble ». Voy. *Nahas*.

NEKA, TU ; « Fatiguer, é ; se fatiguer ». Voy. *Neke*.

NEKAZALE, A ; « Homme de peine » ; du précédent et de la finale *zale*, suffixe indiquant accoutumance ; litt. « Qui a l'habitude de se fatiguer ».

Neke, a ; « Difficulté, fatigue », visiblement d'origine Celtique ; Cf. Gallois, *Nych*, « Langueur, peine, souffrance » ; *Nychdod*, « Phthisie » et *Nychu*, « Languir, dépérir » — Bas-Breton, *Nec'h*, « Peine » et *Nechif*, « S'affliger ».

M. Whitley-Stokes ramène tous ces mots à une forme primitive avec une labiale initiale, laquelle reparaît dans le Vieux-haut-Allemand *Fnehan*, « Respirer, souffler » et *Fnaskazzen*, « Haleter, souffler ». Peut-être même ces termes doivent-ils être rapprochés du Grec πνῖγος, « Etouffement, suffocation », πνίγειν, « Serrer jusqu'a étouffer, étrangler ». En tout cas, on ne saurait guères leur supposer une parenté quelconque avec le Latin *Necare, nex*, allié lui-même au Grec Νέκυ:, νεκρός, « Mortun ; cadavre » — Sanskrit, *Naç*, « Mourir » et *Naçayami*, « Je tue, je fais mourir ». Rien effectivement n'autorise à croire que ces derniers aient jamais eu pour initiale, une labiale aujourd'hui disparue.

Nekez ; « Difficilement, péniblement ». Voy. le suivant.

Nekhetz ; « Difficilement, avec fatigue ». Ce n'est que le médiatif de *Neke*. Le *z* marque de ce cas est devenu *tz* comme dans *Laphitz*, « Pierre », du Latin « *Lapis* » ; *Gorphitz*, « Corps », du Latin « *Corpus* ».

Nekhaitz ; « Mauvais temps, gros temps », litt. « Vent pénible, fatiguant ». Cf. *Neke*, déjà vu et *Aize*, « Vent ». Ne serait-ce pas encore là un de ces termes pris au langage des gens de mer ? C'est, en effet, par les gros temps, que la manœuvre est surtout fatiguante.

Nekizerdi, a ; « Travail fatiguant », litt. « Sueur de fatigue ». Voy. *Neke* et *Izerdi*, « Sudor ». Ce dernier mot signifie lui-même « Demi-eau, petite eau » de *Itz*, « Ros, aqua » et *Erdi*, « Moitié ».

Orenkume, a ; « Faon », litt. « Enfant de cerf ». Cf. le suivant et *Hume*, « Infans, pucer ».

Orenna ; « Cerf », prononcez comme s'il y avait en Français, *Oregna*, à rapprocher du Gallois *Eilon*, « Cerf » et *Elain*, « Faon, biche », d'où notre terme « Elan » pour désigner le *Cervus alces*, ainsi que l'Allemand *Elend, elendthier* (même sens). Faut-il en rapprocher encore le Bas-Breton *Quelin*, « Faon » (Voy. *Revue Celtique*, t. XIV, p. 307 ?) Voyez encore l'Arménien *Eln*, « Cerf » — Lithuanien *Elnis* — Vieux-Slavon *Jéleni* — Polonais *Jelen* — Russe *Olon* — Tchèque *Gelen*. Ce terme, comme l'a fait remarquer Pictet, a dû passer dans certains dialectes étrangers à la famille Indo-Européenne. De là, le Bouryéte, idiôme de souche mongol parlé en Sibérie (dialecte Nischneudien), *OElœkshenn* ; « Renne femelle » ; (dial. Tunkien) *œlœkshin*, même sens ; (dial. Sólingien) *œlœkçin* — Mandjour *Oron, irin*, « Cerf » — Tongouse, *Oron* ; « Renne domestique » et, d'après Spassky, *Irun*, « Renne sauvage ». Vraisemblablement, en dépit de l'aspiration, chuintante ou gutturale initiale, nous devons rattacher à la même souche, le Yourake (Samoyède d'Europe), *Hôrie, hôra*, « Renne entier » et *hôrannabt*, « Renne coupé » — Tawgy, *Huru*, « Renne entier » — Samoyède-Yenisséien, *Hulha, Hura*, même sens — Samoyède-Ostyak, *Horai-âti*, — Tschouktschi nomade (Sibérie Or^le), d'après Daukin, *Xoranna* ; d'après Reitsky, *Xoraañ*, d'après Romberg, *Horôn*.

On doit admettre dans le Basque *Orenna*, ce durcissement du *l* en *r* entre deux voyelles que nous constatons p. ex. dans *Zeru*, « Ciel » — *Soro*, « Sol » — *Hiri*, « Ville », du Vieil Ibérien *Ili*.

En tout cas, ces noms du cerf le désignent comme l'animal agile par excellence. En effet, ils dérivent de la racine que nous retrouvons. p. ex. dans l'Irlandais *Ailim*, « Se mouvoir » — Allemand, *Eilen*, « Se hâter » — Grec Ελάω, « Chasser, poursuivre » ; Voy. ce qui a été dit à propos de *Hel, due*, « Arriver ».

Ajoutons, par parenthèse, que c'est bien de cette même racine, mais au moyen de suffixes différents, que proviennent les noms donnés à diverses espèces de cervidés ; Ex. Grec Ἔλαφος, « Cerf » — Irlandais *Eilich*, idem — Écossais, *Eilidh*, « Biche » — Gaulois, *Alce, alcis*, « Élan « — Vieux Germanique, *Alkis, algis*, m. s. et *Achlin*, (d'après Solin) — Vieux-haut-Allemand, *Elaho*, « Elan » — Moyen — haut — Allemand, *Elch, elhe* — Anglo-Saxon, *Eolh* — Anglais, *Elk* — Vieux Norrain *Elgr* — Suédois, *Elg* etc. Signalons enfin l'Irlandais *Arr*, « Cerf » auquel Pictet attribue une origine identique.

Nous ne signalerons qu'à titre de pure curiosité, la ressemblance de ces termes avec le Vieil Egyptien *Ar*, « Gazelle » — Kopte, (dial. Baschmourique), *Ail*, « Bélier » ; (dial. Memphitique), *Oili*, « Bélier » et *Eioul, Eoul*, « Cerf » ; (dial. Thébain), *Oile, œile*, « Bélier » et *Iéoul, eeieoul, eioul, Iieoul, Icieioul*, « Cerf » — Hébreu *Ail, ayyil*, « Cervus », *Ail*, « Aries » — Syriaque, *Ilo*, « Cerf » — Assyrien, *Ailu*, « Bélier » — Arabe, *Iyyal, ayyal*, « Cerf ».

Enfin, on ne saurait guères douter que ce ne soit le Basque *Orenna* qui a donné naissance au mot Français *Orignal*, désignant l'élan du Canada. On disait primitivement *Orignac* ou *Orenac*, ce qui constituait la forme active du nom Basque du cerf (*Orennak*). Ceci ne doit pas nous étonner. Comme le fait remarquer Lescarbot, il y avait nombre d'Euskariens parmi ceux de nos compatriotes qui faisaient la traite avec les sauvages de la Nouvelle France.

Ils firent entrer force termes de leur idiôme particulier dans l'espèce de *Lengua Franca* employée pour les transactions avec les Peaux-rouges (1). Celui d'*Orenac* ou d'*Orignal* dut être d'autant plus volontiers admis en Francais qu'en définitive, il n'existe point d'Elans dans notre pays et que les trafiquants ne sachant comment désigner ces pachydermes durent volontiers accepter, à cet effet, un terme étranger.

Oroch, a ; « Veau mâle ». V. le suivant.

Orox, a ; « Veau mâle » par opposition à *Aretche*, « Veau ou génisse », indifféremment. L'origine de ce mot reste enveloppée de certaines obscurités, cependant nous nous croyons devoir nous décider en faveur de la provenance Celtique.

Nous avions cru d'abord voir dans *Orox*, le Latin *Taurus*, l'Espagnol *Toro*, mais avec chûte du *T* initial comme dans *Azkor, ra*, « Fruit du lin en gousse », de l'Espagnol, *Tasco*, « Déchet du lin ou du chanvre qu'on espade ». — *Azkon*, « Blaireau », du Latin *Taxo*, même sens. Au radical serait venu se joindre la finale *x* qui indique ressemblance, comparaison. Ex. *Gardox*, « Bogue de la châtaigne », litt. « Ce qui ressemble au chardon » — *Munhux*, « motte de terre », litt. « Ce qui ressemble à un mamelon de montagne, à une élévation », de *Munho*, « Mamelon de montagne ».

Toutefois, on peut opposer à cette explication une fin de non-recevoir assez fondée, ce semble. Le nom de la chaîne de l'*Orospeda*, voyez plus haut *Bide*, « Chemin » prouve clairement que ce terme *Orox, orotch* existait déjà

______

(1) Lescarbot *Histoire de la Nouvelle France*, livre III, chap. 7. *Apud* Picart, *Cérémonies et coutumes religicuses de tous les pleuples*, t. VII, chapitre V, p. 346 (en note), Paris, 1808.

en ancien Ibérien, c'est-à-dire à une époque antérieure, suivant toute apparence, à celle des premières relations des Ibères avec les Romains.

Nous nous étions alors rabattus sur l'adjectif *Oro*, « Entier, tout », mais toujours suivi de la même suffixe *x*. Dans cette hypothèse, il faudrait traduire litt. *Orox* par « Ressemblant à l'animal entier, non coupé ». A cela, on ne manquera pas de répliquer que *Oro* paraît bien d'origine relativement récente puisqu'il ne faut vraisemblablement voir dans ce mot un doublet d'*Oso*, « Entier, le tout ». Ex. : *Osoa hobe da crdoa beno*, « Le tout vaut mieux que la moitié » — *Lehenago urthea Osoa eztzen sobera hementik Chinara helzeko*, « Autrefois une année entière n'était pas trop pour arriver d'ici en Chine ». Cet adjectif *Oso* lui-même est apparenté au verbe *Osa, tu*, « Coudre » et, primitivement « Châtrer », sens qui s'est conservé spécialement en dialecte Souletin. Une telle mutation sémantique s'explique vraisemblablement par cette considération que la castration entraîne comme conséquence, une couture des parties opérées. Tout ceci nous détourne d'identifier le *Orox* du Basque actuel à la portion initiale du nom de la chaîne de l'*Orospeda*.

Somme toute, à moins de considérer le terme en question comme indigène et par suite, insusceptible d'être ramené à une étymologie reconnaissable, le plus sûr sera encore d'y voir un dérivé du Gaulois *Uros* ou *Urus*, sorte de bœuf sauvage différent de l'aurochs et dont l'espèce a aujourd'hui disparu. Le *x* possédant la valeur ci-dessus indiquée, *Orox* se devrait littéralement traduire « ressemblant à l'Urus, sorte d'Urus ». Peut-être cette dénomination a-t-elle été motivée par quelque raison tirée de l'histoire naturelle dont il serait difficile actuellement de se rendre compte. Sans doute, l'Urus habitant surtout les grandes forêts et particulièrement la forêt Hercynienne, devait être, dès une époque assez ancienne, devenu fort rare dans nos régions du midi, si tant est qu'on l'y rencontrât encore. Mais, enfin, ce gros ruminant était parfaitement connu des Gaulois comme le prouvent bon nombre de noms propres. Citons en particulier celui d'*Urogenonertos*, litt. « Fort comme le fils de l'Urus ».

P

POTCHOR, RA ; « Pudenda muliebria » en dialecte Labourdin, présente certaines obscurités au point de vue étymologique. Nous nous étions d'abord demandé si ce mot ne constituait pas un dérivé de notre mot « Poche » — Béarnais *Poche* et (dialecte d'Orthez), *Potye*, « Poche ». On sait que dans le dialecte du Berry, « Poche » se prend volontiers comme synonyme de « Sac », aussi bien que le terme « Pouche » du dialecte Normand.

Tous ces termes, d'ailleurs, semblent bien d'origine germanique ; Cf. Anglo-Saxon, *Pocca* — Vieux-Norrain, *Poka* — Anglais, *Poke* et *Pouch* (ce dernier pouvant bien être pris au Franco-Normand) — Vieux-haut-Allemand, *Phunc* — Suédois *Pung*. Ce mot a passé avec sa nasale adventice jusque dans le Néo-Grec Πούγγι. Quant à la finale *or*, *ra* du substantif Basque, nous verrons plus loin comment il convient de l'expliquer.

En tout cas, la ressemblance étroite du vocable en question avec *Potzu, ak*, « Pudenda virilia » semble si prononcée qu'il devient difficile de ne pas leur attribuer à l'un et à l'autre, une seule et même provenance. Or nous verrons tout à l'heure qu'il y a lieu de regarder ce dernier comme Celtique. Quant à la finale *r, ra*, elle a souvent une valeur soit dérivative, soit péjorative ; Ex. *Gophorra,* « Coupe » — *Chikor, ra*, « Petit son », de *Chiki*, « Parvus » — *Ezkerra*, « Gauche » par opposition à *Eskuina*, « Droite » etc. *Potchorra* signifierait donc litt. « Quod pudendis virilibus assimilatur, pudenda inferiora ». Quant au *ch* représentant un *tz* primitif, voy. *Mesperetchu*, « Mépris », du Béarnais *Mespretz* — Vieux Provençal *Menospretz* — *Latz* et *latch*, « Apre ».

Potzo, a ; « Chien ». Voy. Bas-Breton, *Puze*, « Chien courant ». Le mot remonte, sans doute, à la période Indo-Européenne, car on le retrouve dans le Vieux-Slavon *Pisu*, « Chien » — Russe, *Pesü* — Polonais, *Pics* — Illyrien, *Pas* — Tchèque, *Pcs*. Il faut en rapprocher encore l'Allemand *Petse*, « Chienne » — Anglais *Bitch*, même sens — Anglo-Saxon *Bicce* — Vieux Norrain, *Bikka*, que M. Kluge regarderait comme pris au Slavon. Quant au Suomi *Puso*, c'est évidemment un emprunt fait au Germanique.

Le même auteur déclare douteuse la parenté à établir entre tous ces termes et le Français « Biche » — Vieux-Français, *Bisse*, que l'on a voulu également, mais avec plus de probabilité, dériver de « Bique ».

Potzu, ak ; « Pudenda virilia » ne se rattache visiblement pas, quoique pense M. Van Eys sur ce point, à *Poz*, « Joie, réjouir se ».

Nous avions pensé tout d'abord à y voir le Béarnais *Bousse*, « Bourse » — Vieux Béarnais, *Boussa*, même sens. Cf. également Vieux Provençal et Italien *Borsa* — Espagnol et Portugais *Bolsa*. On serait passé de l'idée de *Scortum*, de « Bourse des Testicules » à celle de *Pudenda* en général. Dans cette hypothèse, toutefois, le *u* final de *Potzu, potzuak* ne semblerait pas d'une explication aisée.

C'est ce qui nous décida, par la suite, à voir dans *Pot-zu*, le Vieux Provençal, *Boson*, « Bouchée, morceau » — Italien, *Boceone*, « Morceau, bouchée, pillule » — Vieux-Français, *Boucon*, « Bouchée, morceau, poison, appât empoisonné pour détruire les animaux nuisibles ». Tous ces termes dérivent d'ailleurs du Latin *Bucea*. Diez estime que l'on sera passé de l'idée de « Chose remplissant la bouche » à celle d'objet servant à clore une ouverture, en un mot à boucher.

Il ne faut pas, bien entendu, songer à rapprocher ces vocables du Français « Bouchon », au sens de corps servant à fermer une bouteille, une caraffe, du même mot indiquant un bouquet ou rameau de verdure formant enseigne d'un cabaret. Ce dernier est d'origine germanique et doit être, comme l'observe Littré, rapproché de l'Allemand *Busch*, « Buisson ».

En tout cas, l'on aurait assez bien compris ce nom de Bouchon ou *Boussou* appliqué au Pénis. Dans le langage populaire, ne l'appelle-t-on pas, parfois, une « Bonde » ? On s'expliquerait moins aisément son emploi pour désigner d'une façon générale les parties naturelles. Aussi le plus sage, croyons-nous, sera de chercher au mot en question, une provenance Gauloise. Cf. Vieil Irlandais, *Bolt* — Irlandais moderne, *Bod*, « Pénis » — Ecossais, *Bodag*, « Meretrix, vacca taurum cupiens » ; *Bodagachd*, « Libido » ; *Bodair*, « Scorbator » et même *Bodach*, « Asellus ».

M. W. Stokes hésite entre deux formes gauloises, hypothétiques ayant pu donner naissance aux vocables néoceltiques en question. La première serait *Butto-s*, « Pénis », peut-être à rapprocher du Grec Βύττος = Γυναικός αἰδοῖον d'après Hésychius.

Quant à la seconde, ç'aurait bien pu être quelque chose comme *Bozdo-s* et alors on pourrait la supposer apparentée au grec Πόσθη (der männliche glied) ou même à l'Anglo-Saxon *Peord*, « Vulva ».

Sᴀɪ, ᴀ ; « Vautour », ne semble être autre chose que l'Irlandais *Seigh, saigh*, même sens, non indiqué, il est vrai, dans le *Wortschatz der Keltischen Spracheinheit*. Remarquons toutefois que l'Irlandais et le Basque sont les deux seuls idiômes qui donnent au terme en question, la valeur de « Vautour ». Partout ailleurs, ce terme incontestablement d'origine Indo-Européenne, s'applique à une autre sorte de rapaces ; Cf. Persan, *Shakrah*, « Faucon » ; *Shikarah*, « Oiseau dressé pour la chasse » ; *Shakardah*, « Prompt, agile, actif » ; *Shikardan*, « Chasser », litt. « Chasser au faucon » — Vieux-Slavon, *Sokolŭ*, « Faucon » — Polonais *Sokolh*, même sens — Lithuanien, *Sakalas*, tous substantifs visiblement apparentés au Sanskrit *Çakra*, « Fort » et comme lui dérivant, nous dit Pictet, de la racine *Çak*, « Valere ».

De la Langue de l'Iran, ce mot passa, dès l'époque des poètes du désert, en Arabe où *Sqqr* désigne une sorte de faucon, à savoir le *folco sacer* des naturalistes. C'est, sans aucun doute, vers l'époque des croisades que ce terme si visiblement Indo-Européen fut pris par les chrétiens aux musulmans et remis en usage dans nos dialectes occidentaux. De là, l'Espagnol et Portugais *Sacre* ; le Français « Sacre, Sacret » ; le Bas-Latin *Sacer*, désignant le même volatile. C'est incontestablement en raison de l'adresse déployée par l'oiseau en question pour s'emparer de sa proie que le terme Espagnol *Sacre* en est arrivé à signifier un voleur subtil et rusé.

Force est donc de rejeter l'explication proposée par Diez, qui voyait dans « Sacre, Sacret », désignant un rapace, une traduction par à peu près du grec Ἱέραξ, « Epervier ». Il n'est pas douteux, en effet, que ce dernier terme ne dérive de l'adjectif Ἱερός, « Saint, sacré ». C'est que, spécialement en Egypte, cet oiseau était l'objet de la vénération populaire. On le regardait, notamment, comme l'emblème d'Osiris. Cette grande divinité apparaît parfois sur les monuments, affublée d'une tête d'épervier.

Nous ne sachions pas d'ailleurs que jamais le faucon ait joué un rôle aussi important, au point de vue de la symbolique.

Après tout, si *Sacer*, « Faucon » ne dérive pas directement de l'adjectif *Sacer*, « Saint, sacré », regardé comme d'origine Etrusque, cependant, au dire de Pictet, ils pourraient bien avoir une origine commune. Il conviendrait de la chercher dans la racine Sanscrite *Çak* « valere ». Le sens de ce « Fort, puissant » aurait conduit à celui de « Saint, sacré ». Toutefois, on pourrait se demander comment il se fait qu'ici le *ç* Sanskrit qui tient la place d'une gutturale primitive se trouve représenté en latin par un *s*.

Ce qui est incontestable en tout cas, c'est, comme le fait ressortir M. Schrader, que le Grec Ἱερός avait dû posséder à l'origine, tout comme le Sanskrit *Ishira* auquel il est apparenté, le sens de « Fort » et, par suite, « Vif, remuant ». Ainsi s'explique le Ἱεροὶ Ἰχθύες, litt. « Les poissons agiles, remuants », d'Homère.

Tout au plus serait-il permis de supposer que le souvenir du caractère hiératique assigné à l'épervier a pu porter

les érudits à faire entrer l'Arabe *Sqqr*, sous la forme *sacer*
dans leur nomenclature ornithologique.

T

Tᴀᴀ, indique, nous dit Salaberry, « ce qui peut être ren-
fermé dans un récipient quelconque », ex. *Unzitra bat artho
atzo yin da Amerikatik Bayonarat*, « Il est arrivé hier,
d'Amérique à Bayonne, plein un navire de maïs ». —
Bost crgatra, « Cinq charretées », de *Orga*, « Charrette »,
— *Ahurtrabat*, « Une poignée », de *Ahur*, « Creux de la
main », etc.

Cette finale *Tra*, aussi bien que la suffixe *ko, go* (Voy.
plus haut), semble bien d'origine Celtique ; Cf. Irlandais
Tria, « A travers, par » — Vieux Gallois, *Troi* — Gallois,
Trwy, Drwy — Cornique, *Dre*, « Par » — Vieux-Breton,
Tre, dre, dri — Bas-Breton, *Dre*. Ces mots auraient-ils
quelque chose à démêler avec le Latin *Trans ?*

Z

Zᴀᴋʜᴜʀ, ʀᴀ ; « Chien ». La finale *ur, ra* est ici purement adventice comme dans *Gezur, ra*, « Mensonge », du
Français « Gosse, une ». Pour le radical du mot, rappro-
chez-le de l'Irlandais *Sag, saigh, saghain*, « Chienne ».
Encore un de ces mots qui n'ont, pour ainsi dire, laissé
de représentants que dans les représentants les plus
éloignés de la souche Indo-Européenne. Cf. effectivement
le Persan, *Sag*, » Chien » — Kurde, *Sah*, même sens —
Boukhare, *Sek*. Convient-il de rapprocher de ces termes,
le Russe et Polonais *Suka*, « Chienne » ? Pictet regarde
la chose, tout au moins, comme fort douteuse.

Bien qu'on ait parfois, sur l'autorité de Sénèque, admis l'origine Ibérienne, d'une partie, au moins, des habitants de la Corse, nous ne pensons pas néanmoins, qu'il y ait lieu d'établir une parenté entre le *Zakhur, ra* Basque et le *Gnaccaro,* « Chien » des insulaires, p. ex. dans l'imprécation *Che te manghianu i gnaccari ;* « Puissent les chiens te dévorer ». Ajoutons, par parenthèse, que ce dernier terme pourrait bien signifier littéralement « Celui qui mord, qui dévore ».

Sans vouloir nous lancer ici sur le terrain de la Philologie purement Néo-latine, signalons la parenté, au moins très probable, du *Gnaccaro* Corse avec le Béarnais *Gnaca,* « Mordre, manger » ; *Gnacouteya,* « Mordiller » ; *Gnacade, gnac, gnacot,* « Morsure ». Nous ne nous chargeons pas d'ailleurs de déterminer quelle est l'origine première de tous ces mots.

Il va sans dire que la ressemblance entre le Basque *Zakhurra* et le Géorgien *Dzaghri,* « Chien », doit, elle aussi, être considérée comme purement fortuite.

ZAKHUREME, A ; « Chienne », litt. « Chien femelle » ; Cf. le préc. et *Eme,* « Faemina ».

Voici un aperçu quelque peu incomplet encore, sans doute, des emprunts lexicographiques faits par l'idiôme des anciens Basques au Gaulois. Nous remettons à un mémoire ultérieur, l'étude de certains termes Euskariens dont l'origine nous semble moins claire et qui peuvent avoir été pris soit au Latin, soit au Celtique.

Un mot seulement, en terminant, sur certains caractè res de la numération commune à l'Euskarien et aux dialectes Celtiques.

Ces derniers sont les seuls au sein de la famille Indo-Européenne qui fassent usage du comput vigésimal et le

docte M. Duvau voit là une preuve de l'influence exercée
sur les Celtes par des populations aborigènes, peut-être
de souche Euskarienne. Nous sommes d'autant plus dis-
posés à nous ranger à cette manière de voir, qu'en définitive, certaines formes Celtiques, telles que l'Irlandais
Ceatrachad, « Quarante », de *Ceithir*, « Quatuor ». — Le
Bas-Breton *Tregoñt*, « Trente », certainement à rapprocher du Latin *Quadraginta*, *Triginta* attestent une lutte
prolongée entre le vieux système Italo-Celte et celui par
vingtaines. C'est ce dernier qui domine seul en Basque,
du moins jusqu'à cent. On pourra juger de tout ceci par
la liste suivante :

10. Irlandais, *Deig* — Gaëlic d'Écosse, *Deich* — Gallois,
Dêg — Bas-Breton, *Dek, dec* — Basque, *Hamar*.

20. Irl. *Fiche, fichid* — Gaël. *Fichead* — Gallois,
Ucein, uceint, ugain — Bas-Breton, *Ugen, uigent, uigen* —
Basque, *Ogei, ogoi* (d'origine sans doute soit gauloise,
soit latine, voy. *Viginti*).

30. Irl. *Trochad* (cf. Latin *Triginta*) ou *Deig ar fichid*,
litt. 10 au-dessus de 20 — Gaël. *Deich ar fichead* —
Gallois, *Deg ar ugain* (10 sur 20) — Bas-Bret. *Tregânt*
(voy. *Triginta*) — Basq. *Ogeitamar, hogei eta hamar* ;
litt. 20 et 10.

40. Irl. *Ceatrachad* (Lat. *Quadraginta*) ou *Dafichid*,
litt. 2 fois 20 — Gaël. *Dafichead*, même sens — Gall.
Deugain, idem — Bas-Bret. *Daou-ugent* — Basque *Birrogei*, litt. 2 fois 20 ; cf. *Bi*, « Deux ».

50. Irl. *Caoghadad* (cf. *Quinquagentu*) ou *Deich ar dafichid*, litt. 10 sur 2 × 20 ou 40 — Gaël. *Dafichead is deich*
(40 et 10) — Gal. *Deg a deugain* (même sens) — Bas-Bret.
Hañter hañt, litt. « Demi-cent » — Basq. *Birrogei ta hamar*
(40 et 10).

60. Irl. *Trifichid*, litt. 3 × 20 — Gaël. *Trifichead* — Gal. *Trigain*, même sens — Bas-Bret. *Triugeñt* — Basq. *Hirurogei*, litt. 3 × 20.

70. Irl. *Deich ar Trifichid* (10 sur 60) — Gaël. *Trifichead is deich* — Gal. *Deg a Trigain* — Bas-Bret. *Dek ha Triugeñt* — Basq. *Hirur ogei eta hamar*, litt. 3 × 20 + 10.

80. Irl. *Ceithre fichid*, litt. 4 × 20 — Gaël. *Ceithir fichead* — Gal. *Pedwar ugain* (*Pedwar*, 4) — Bas-Bret. *Pewar ugeñt* — Basq. *Laurogei*, de *Laur* « Quatuor ».

90. Irl. *Deich ar ceithre fichid*, litt. 10 sur 80 — Gaël. *Ceithir fichead is deich* — Gal. *Deg a Pedwar ugain* — Bas-Bret. *Dek ha Pewar ugeñt* — Basque *Laur ogei eta hamar*, litt. 80 et 10.

100. Irl. *Cet, cead* — Gaëlic *Cend* — Gal. *Cant* — Bas-Bret. *Cant* (Vieux-Gaulois *Knton*, d'après M. W. Stokes) — Basq. *Ehun*. Ce dernier mot, nous le verrons dans un prochain travail, nous semblerait plutôt dérivé du Gaulois ou même dn Latin *Centun* que de l'Allemand *Hundert*, ainsi que l'a supposé M. Uhlenbeck.

Basques et Celtes ont-ils puisé à une source commune, depuis longtemps disparue, ce système vigésimal ? Y a-t-il eu emprunt direct par nos ancêtres à des populations dont la langue se rapprochait de l'Euskarien d'aujourd'hui. Nous n'oserions nous prononcer là-dessus. En tout cas, l'accord sur ce point entre des langues d'origine si différente ne nous parait point attribuable au seul hasard. Un argument pourrait même être invoqué en faveur d'une origine Euskarienne de ce mode de comput. Le méthode vigésimale, là où elle est indigène, est presque toujours accompagnée d'une autre méthode par cinq. Ainsi le Mexicain dira d'une part *Chic nahui* pour 9, litt. « Quatre supérieur, quatre du second quint » et *Omepohualli*, litt. « 2 vingt » pour 40.

Au contraire, en Maya et en Quiché du Guatémala, le comput par vingtaines existe, mais non celui par quints. Nous y verrions volontiers la preuve que les populations Centro-Américaines n'ont pas inventé le comput par vingt, mais qu'elles l'ont reçu de leurs voisins du Nord.

D'autre part, il ne serait pas impossible que le calcul par cinq n'ait existé chez les anciens Euskariens. Serait-il permis de citer à preuve, ce fait qu'aujourd'hui encore les noms d'unités supérieur à 5 se trouvent en Basque munis d'une finale *i* dont les précédents restent, sauf un, dépourvus. Ex. :

1	*Bat*	6	*Sei*
2	*Bi, bida, biga*	7	*Zaspi*
3	*Hiru*	8	*Zortzi*
4	*Lau*	9	*Bederatzi*
5	*Bost, bortz*	10	*Hamar.*

Nous ne nous étendrons pas d'ailleurs sur le point de savoir, si l'emploi de l'Anglais *Score*, 20 p. ex. dans *Four scores* 80, litt. 4×20, aussi bien que le Français « Quatre-vingts, quatre-vingt-dix » n'accuserait pas une influence Celtique. En tout cas, on ne saurait nier l'affinité des formes du Vieux Français, telles que « Quinze vingts » par 300, « six vingt » pour 120 avec celles du Bas-Breton, *Daouzek ugeñt*, litt. 12×20 pour 240 ; *Unnek ugeñt*, litt. 11 fois 20 pour 220 etc.

L'examen de cette intéressante question nous entraînerait trop loin pour aujourd'hui.